El misterio de Punta Escondida

Rexcatadores 1

El misterio de Punta Escondida

Rexcatadores 1

Bárbara Montes
y Juan Gómez-Jurado

Ilustraciones de Fran Ferriz

B DE BLOK

Papel certificado por el Forest Stewardship Council®

MIXTO
Papel procedente de fuentes responsables
FSC® C117695
www.fsc.org

Penguin Random House Grupo Editorial

Primera edición: octubre de 2017
Segunda reimpresión: marzo de 2021

Printed in Spain – Impreso en España

ISBN: 978-84-16712-64-9
Depósito legal: B-14.367-2020

Compuesto en Infillibres, S. L.

Impreso en Limpergraf
Barberà del Vallès (Barcelona)

BL 1 2 6 4 A

Bárbara, para la abuela.
Y Juan, también.

1

¡Sé cuidarme solo!

—Va a ser el verano más aburrido de mi vida —pensó Max.

La alegre camiseta de Los Vengadores que llevaba el niño chocaba con su gesto enfadado. Max miraba cómo cambiaban los paisajes desde la ventanilla del tren. Primero los colores grises de la ciudad, después los amarillos de los campos del interior del país y por último, según se acercaban a la costa, los verdes de los bosques que rodeaban el pequeño pueblo en el que vivían sus abuelos.

Sus padres le dijeron que pasaría el verano en casa de sus abuelos, los padres de su madre, porque ellos se iban a un largo crucero alrededor del mundo. Hacía siglos que Max no iba a casa de sus abuelos y solo los veía cuando venían de visita a la ciudad, lo cual no era muy a menudo. Todavía recordaba la fuerte discusión que había tenido con sus padres a causa de esa inespe-

rada estancia en casa de los abuelos. Estaban en la cocina de su piso en la ciudad y fue algo así:

—No sé por qué tengo que ir con los abuelos. Ya tengo once años, sé cuidar de mí mismo. Puedo quedarme en casa solo —protestó Max.

—¿Quién va a hacerte la comida? ¿Te has convertido en un gran cocinero y no nos has dicho nada? —preguntó su madre.

—¡Comeré bocadillos! Es fácil hacer bocadillos. Solo hay que meter algo entre dos panes. Jamón de york, mortadela, gominolas o algo así —contestó el niño.

—Max, te estás comportando como un bebé, no puedes quedarte solo en casa todo el verano. ¿Quién se ocupará de ti si te pones enfermo? —añadió su padre.

—SÉ CUIDARME SOLO. ¡SOY MAYOR! —insistió Max, y salió de la cocina muy enfadado y dando un portazo.

Recordando ese momento ahora, tres días más tarde de que sucediese, solo se arrepentía de haber dado ese portazo, ya que sus padres le castigaron sin jugar a sus videojuegos hasta el momento de coger el tren. Tampoco le dejaron llevarse la consola a casa de los abuelos por si se rompía en el viaje.

Así que, sí, iba a ser el verano más aburrido de su vida.

Por lo menos había podido llevar su móvil; y gracias a él planeaba mantenerse en contacto con sus amigos. No esperaba conocer a muchos niños en un pequeño y aburrido pueblo de la playa viviendo con dos ancianos locos.

Sí, los abuelos de Max eran, por decirlo de una manera suave, un poco raros. El abuelo Godofredo era un científico que siempre llevaba unas gafas de aviador, una chaqueta de cuero marrón, una camisa blanca y unos pantalones bombachos también marrones... BOMBACHOS. MARRONES. ¿¿Quién se viste así hoy en día?? Su nariz grande, su pelo blanco y desgreñado, sus ojos alegres y su boca siempre sonriente, le daban un aire amable que se evaporaba tan pronto hablabas con él diez minutos y te dabas cuenta de que vivía por y para su ciencia. Solo hablaba de ciencia. Y de ciencia rara. Cosas que no existían como los viajes en el tiempo, la vida en otros planetas, los monstruos marinos y cosas así.

La abuela Agatha parecía eso, una dulce abuelita, recogía su largo pelo blanco en una trenza medio deshecha que caía por su hombro izquierdo, alta y delgada, vestía siempre blusas de colores y pantalones azules a juego con sus ojos risueños (sus pantalones eran también bombachos. ¿¿Qué tenían sus abuelos con los bombachos??), pero Max había aprendido bien pronto a no guiarse por las apariencias.

La abuela era otra científica. Su especialidad era la química, además de una antigua disciplina llamada alquimia. Y SOLÍA CONFUNDIR LOS INGREDIENTES DE LA COCINA CON LOS DE SU LABORATO-

RIO. Comer sus guisos era toda una aventura... Y no de las divertidas. Y ahora iba a tener que comer lo que cocinasen sus abuelos durante todo el verano. Su verano no iba a ser solo aburrido, también iba a ser peligroso.

2

Un sobre misterioso

Max llegó a la estación de trenes de Bahía Calamar, el pueblo donde vivían los abuelos. Esta era muy diferente de la moderna estación de la ciudad en la que había cogido el tren, toda acero, cristal, cemento y conexiones wifi. Aquí no había más que el andén y un antiguo y diminuto edificio de ladrillo rojo, que no animaba a entrar en él. Con total seguridad la abuela Agatha estaría allí esperándole. Además, quería llamar a sus padres con el móvil en un último intento por convencerles de que este viaje era una mala idea.

«Seguro que si lloro un poco se compadecen de mí. Como aquella vez que quemé la alfombra del salón ACCIDENTALMENTE», pensó Max.

Max miró a su alrededor y se dio cuenta de que no había nadie más en el andén. Solo él se había bajado en la estación de Bahía Calamar, nadie visitaba un lugar como este. Había que estar chiflado para querer pasar el verano en aquel lugar remoto y solitario. Y por lo visto, sus padres estaban más que chiflados si pensaban que terminaría disfrutando de sus vacaciones en casa de los abuelos.

Max se dirigió al edificio, que albergaba en su interior una cafetería, unos cuartos de baño públicos y las taquillas en las que los pasajeros podían comprar sus billetes de tren. Ni una máquina de dulces ni un quiosco donde comprar su revista favorita de videojuegos, ni, por supuesto, cobertura para el móvil.

No podría hablar con sus padres.

¡NO PODRÍA HABLAR CON NADIE DE LA CIUDAD EN TODO EL VERANO!

El edificio de la estación estaba tan abandonado como el andén, exceptuando a un señor bajito y rechoncho, vestido con un traje de color azul marino con botones dorados, que lucía un gracioso y anticuado bigotito bajo una nariz del tamaño, forma y color de una berenjena.

—Perdona, jovencito, ¿eres Max? —le preguntó el señor bajito y rechoncho, vestido con un traje de color azul marino con botones dorados, que lucía un gracioso y anticuado bigotito bajo una nariz del tamaño, forma y color de una berenjena.

—Sí, soy yo. Contestó Max.

—Tu abuela Agatha me ha dicho que te entregue este sobre. No va a poder venir a buscarte, calculó mal la llegada de tu tren y vino a la estación hace cuatro horas... Así que tendrás que caminar hasta Punta Escondida, que es donde viven Agatha y Godofredo. Yo puedo indicarte por donde ir si no sabes. Lamento no poder llevarte yo mismo, pero estoy trabajando y no puedo dejar la estación.

Max miró a su alrededor y se preguntó quién iba a notar que el señor bajito y rechoncho, vestido con un traje de color azul marino con botones dorados, que lucía un gracioso y anticuado bigotito bajo una nariz del tamaño, forma y color de una berenjena, abandonaba la estación.

No había nadie allí... Ni parecía que lo fuese a haber.

Aun así, no dijo nada, solo cogió el extraño sobre amarillento y dio las gracias al hombrecillo con una sonrisa.

—No, no se preocupe, creo que sabré llegar. Muchas gracias, señor.

Max salió a la calle y miró el sobre.

Parecía antiguo.

Por un lado ponía PARA MAX DE LA ABUELA en grandes letras, cada una de un color diferente; y por el otro lado estaba cerrado con una especie de cera de color rojo (Max descubrió más tarde que se llamaba lacre y que servía, entre otras cosas, para cerrar las cartas en los siglos XVI y XVII —esto significa 16 y 17 en números romanos).

Max rompió el lacre y sacó del interior del sobre un grueso papiro.

EXIT
WC

3
La nota de la abuela

Max desdobló el grueso papiro y leyó:

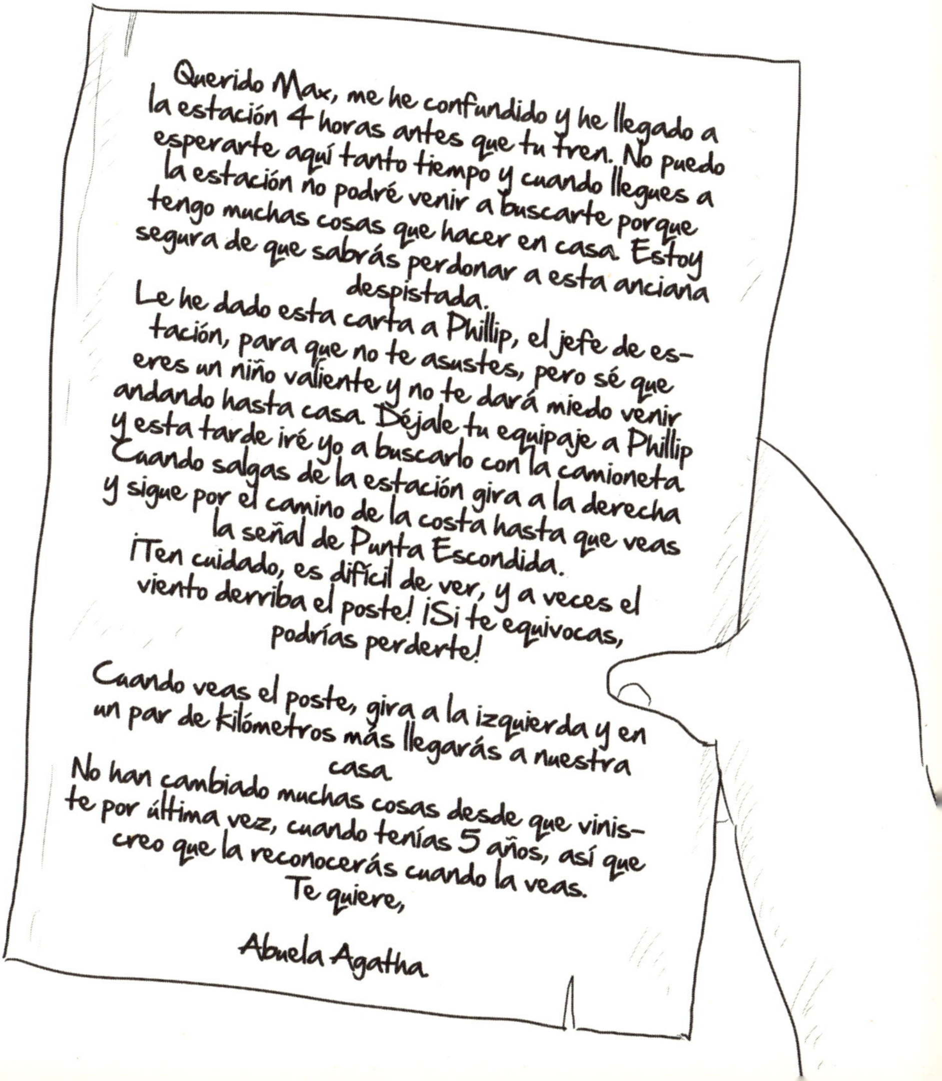

«Fantástico —pensó Max—. Mis abuelos están perdiendo la cabeza y mis padres tienen la genial idea de enviarme a pasar tres meses enteros con ellos. Llevo mil años sin verles y quieren que vaya yo solo hasta su casa. Seguro que termino perdido y famélico en cualquier camino polvoriento apartado de la civilización.»

Con estas ideas rondándole por su cabeza, Max se dirigió a Phillip, el señor bajito y rechoncho, vestido con un traje de color azul marino con botones dorados, que lucía un gracioso y anticuado bigotito bajo una nariz del tamaño, forma y color de una berenjena.

Tal y como decía la abuela en su mensaje, le pidió que le guardase el equipaje, una pequeña maleta llena de pegatinas de superhéroes y superheroínas y una bolsa de deporte; después se dispuso a caminar hasta Punta Escondida siguiendo las indicaciones de la abuela Agatha.

El día era soleado y cálido, sin llegar a hacer calor gracias a la agradable brisa que llegaba desde el mar. El pueblo de Bahía Calamar parecía sacado de una de esas postales que le enviaban mamá y papá cuando salían de viaje de fin de semana y él se quedaba con la canguro: calles empedradas y casas con fachadas pintadas de rojo, amarillo, azul, rosa... Si hubiese una palabra que lo definiese a la perfección, esa palabra sería ABURRIDO.

El camino de la costa no era más que un camino de tierra con la playa (enorme, de arena fina y blanca) a un lado y al otro lado, un frondoso bosque de enormes robles y hayas y muchos otros tipos de árbol que no conocía.

Max caminaba lamentándose de lo desafortunado que era, de lo mucho que echaba de menos la ciudad, a sus amigos y sus videojuegos.

Suspiró, pensando en lo maravilloso que habría sido el verano con todos esos largos días por delante solo para jugar con la consola en el sofá de su casa, ver la tele y bajar de vez en cuando a la piscina del lujoso bloque de pisos en el que vivía con sus padres.

Tan inmerso en esos pensamientos caminaba, que no se dio cuenta de que una figura oscura le seguía, escondiéndose entre los árboles.

4

Una sombra bastante torpe

La sombra que perseguía a Max se movía entre los árboles de manera sigilosa, rápida, ágil... Bueno, no tan ágil, de vez en cuando tropezaba con la raíz de algún árbol y en una ocasión poco faltó para que cayese al suelo de bruces.

Aun así, no perdía de vista a su objetivo.

Ese era Max, que caminaba con las manos metidas en los bolsillos de sus vaqueros, pateando las piedras que iba encontrando en su camino y con un gesto bastante malhumorado.

La sombra se preguntaba quién sería ese nuevo niño al que no había visto nunca y por qué se dirigía tan enfadado a Punta Escondida.

¿Sería peligroso? ¿Estarían Agatha y Godofredo en apuros?

Tenía que hacer algo y tenía que hacerlo pronto, llevaba más de una hora siguiendo al niño rubio y faltaba poco para llegar a la encantadora casa de los dos ancianos, que, además, eran amigos de su padre.

«¡¡Debo cuidar de ellos!! ¡¡Protegerles con mi vida de ser necesario!! Si les pasa algo, padre jamás me lo perdonaría», se decía la sombra.

Reunió todo el valor que pudo (que no era poco porque era una sombra muy valiente) y saltó delante de Max.

—¡¡Alto ahí!! ¿¿Quién eres?? ¿¿Por qué estás tan enfadado?? ¿¿Por qué vas a casa de Agatha y Godofredo?? ¿¿Quiénes son esos que llevas en tu camiseta?? ¿¿Qué es eso cuadrado que llevas en la mano?? ¿¿Por qué tu pelo es amarillo?? ¿¿Qué haces aquí?? ¿¿Te gusta el helado de vainilla??

Max paró en seco y se quedó mirando a la sombra, que una vez salió del bosque no era tal sombra, sino más bien una niña de unos diez años, con una mata de pelo rizado y pelirrojo, delgaducha, todo codos y rodillas.

Vestía una especie de túnica corta atada a la cintura con un cordón y botas de distintos colores: una azul y otra morada.

Tenía los ojos más extraños que Max había visto nunca, de un tono azul oscuro; no, azul claro; no, oscuro...

Sus ojos cambiaban de color y los iris parecían girar sobre sí mismos, como los remolinos que a veces se forman en el agua.

Sí, eran los ojos más raros que Max había visto ja-

más, pero estaba tan enfadado y se sentía tan infeliz por tener que pasar el verano en Bahía Calamar que no le dio mayor importancia.

La niña seguía mirándole con esos extraños ojos, su gesto desafiante y decidido, con la barbilla apuntando al cielo y los brazos en jarras, así que Max optó por contestar sus preguntas:

—Me llamo Max. Estoy enfadado porque tengo que pasar mis vacaciones en este aburrido pueblo. Voy a casa de Agatha y Godofredo porque son mis abuelos y me voy a quedar con ellos. Los de la camiseta son Los Vengadores. Este cuadrado es mi teléfono móvil. Mi pelo no es amarillo, es rubio. No hago nada, solo caminaba hasta Punta Escondida. Y sí, me gusta el helado de vainilla.

—Es el mejor, ¿verdad? El helado de vainilla. Mucho más rico que el de chocolate —contestó la niña mientras se le escapaba una sonrisa—. ¿Qué es Los Vengadores?

—Son unos superhéroes. Venga ya... ¡¡Todo el mundo conoce a Los Vengadores!! Se supone que salvan al mundo de cualquier amenaza —dijo Max

—¿Y la chica? ¿También salva el mundo la chica?

—Claro, también hay superhéroes que son chicas, se llaman superheroínas. —La expresión de Max se animó con una sonrisa mientras hablaba—. Hay algunas muy poderosas... La Viuda Negra, Avispa, Wonder Woman, Pícara... Un montón. —Su gesto volvió a oscurecerse—. ¿Y tú? ¿Quién se supone que eres tú?

—Soy Pía. Y aunque me gusta mucho eso de las mujeres muy poderosas, creo que no me convencen mucho tus explicaciones.

5

¡No me creo que estés enfadado!

—¿Qué es lo que no te convence? —preguntó Max.

—No me creo que estés enfadado porque vayas a pasar el verano aquí, que es un lugar precioso con su playa y sus bosques. Y, además, vas a quedarte con Agatha y Godofredo, que son las personas más interesantes de todo el pueblo y, posiblemente, del mundo. Yo no me canso nunca de hablar con ellos... —contestó Pía.

—¿Tú conoces a mis abuelos? ¿Por qué una niña como tú les conoce?

—Pues claro que los conozco, todo el mundo por aquí los conoce. Y no solo por aquí, mucha gente, en muchos lugares del mundo, los conoce. Y todos te dirán lo mismo que yo, que son alucinantes, divertidos y muy muy inteligentes. Te dirán que Agatha hace los pasteles más ricos del universo y sus fórmulas químicas sirven para un montón de cosas; que los inventos de

Godofredo son increíbles, aunque un poquito peligrosos... No mucho, solo un poquito. También te dirán que la casa de tus abuelos es la mejor. Tiene un gran jardín con un huerto donde puedes encontrar las hortalizas más extrañas. ¡Y las más enormes! ¡Calabazas del tamaño de un caballo! ¡¡Cerezas como melones!!...

Pía seguía y seguía enumerando las muchas virtudes del anciano matrimonio, pero Max ya no le prestaba atención, estaba pensando sobre lo que decía aquella renacuaja pelirroja. No sabía que sus abuelos eran tan famosos. Él los recordaba como dos viejecitos excéntricos (su padre utilizaba mucho esa palabra cuando hablaba de los abuelos y le había dicho que significaba «raros»).

—Vale, vale, vale... Mis abuelos te parecen geniales —dijo Max al cabo de un rato poniendo los ojos en blanco—. Pero todavía no me has dicho por qué los conoces. Además, no creo que pasar aquí el verano, por mucha playa y mucho bosque y mucha casa con cosas geniales y muchas calabazas como caballos, vaya a ser mejor que estar en mi casa de la ciudad jugando a mis videojuegos.

—¿Videojuegos? ¿Qué es eso? —Pía lo miraba con la cabeza ladeada y un gesto de tremendo desconcierto en su rostro. Parecía un pequeño cachorro de perro al que alguien intenta enseñar las tablas de multiplicar.

—¿En serio no sabes lo que son los videojuegos? ¿Pero de dónde has salido tú? A ver, te lo voy a explicar de manera sencilla: con los videojuegos puedes vivir

mil aventuras en tu televisor o en tu ordenador. —Max comenzó a enumerar con los dedos—. Primero te sientas en el sofá, después enciendes la consola, luego eliges el juego y, por fin, empiezas a jugar. Siempre eres un personaje y dependiendo del juego, pues haces unas cosas u otras. A veces tienes que cazar dragones, otras veces resolver acertijos... Y así, hasta que terminas el juego —explicó Max.

—Pero eso... ¿Sin levantarte del sofá? —Pía seguía mirándolo con gesto de incredulidad—. O sea, tú en realidad estás todo el rato en tu casa, no sales de ella, por muchas cosas que pasen, ¿no? ¿Y por qué alguien querría cazar un dragón? Quiero decir, sé que parecen agresivos, pero en realidad son muy simpáticos. Cuando se los conoce un poquito, son bastante aceptables... —Pía se quedó pensativa unos segundos—. Supongo que suena bastante chulo eso de los videojuegos... Puedes vivir aventuras incluso los días de mucha lluvia y eso es genial. De cualquier manera, yo prefiero vivirlas de verdad —zanjó con una sonrisa.

6

Una casa alucinante

—Y entonces... ¿Esa especie de tabla pegada a la pared...?

—Televisor.

—¿Estás seguro de que la gente no está dentro? ¿Lo habéis abierto?

Max resopló por la nariz con tanta fuerza que, de haber estado resfriado, se habría llenado el pecho de mocos. Aquella niña no había dejado de preguntarle cosas durante todo el camino.

—Quiero decir... —continuó Pía— podría ser que realmente esa gente estuviese al otro lado del cristal y no lo supierais...

—¿Falta mucho? —preguntó Max, impaciente.

—No, ya estamos. Es justo al otro lado de ese recodo.

Al llegar al recodo y ver la casa de sus abuelos, Max no pudo evitar una exclamación. Sus pies pararon en seco, sus ojos, muy abiertos, miraban maravillados el terreno que se extendía ante él; su boca parecía un túnel, la mandíbula a punto de desencajársele de tan abierta que la tenía.

La casa no era como ninguna que hubiese visto antes Max: un enorme edificio de piedra gris de dos pisos con puertas y ventanas de madera pintada del azul más alegre que se pueda imaginar. Varios torreones y numerosas chimeneas apuntaban al cielo desde el negro tejado de la casa. De las ventanas colgaban jardineras, también azules, llenas de flores; unas curiosas flores que parecían campanas, tan grandes como las manos de Max. Flores moradas, rosas, amarillas y naranjas.

A un lado de la casa se encontraba un huerto con las hortalizas que había mencionado Pía.

Calabazas como caballos, tomates como balones de fútbol, zanahorias largas como escobas.

Todo el huerto estaba rodeado por una cerca blanca que le llegaba a Max a la altura de la rodilla. Al otro lado de la casa se extendía la enorme playa y el mar, tan azul como las puertas y ventanas del edificio.

Además del huerto, en el jardín de los abuelos había un camino de piedra rodeado de césped y arbustos llenos de flores de muchos colores, que llegaba hasta un muro de piedra con una puerta de hierro negro que iba a dar a la playa.

El muro de piedra también separaba los terrenos del oscuro y tenebroso bosque que nacía justo detrás de la casa de los abuelos.

—¿Te gusta? ¿Ves como es la mejor casa del mundo? —preguntó Pía—. Al menos en tierra, claro.

—Mucho. Me gusta mucho, muchísimo... Es increíble. Y muy grande. Y tenías razón, esas hortalizas son inmensas. ¿Cómo lo hacen? ¿Y qué son todas esas torres? ¿Por qué no me acuerdo de esta casa? Se supone que estuve cuando era pequeño, me cuesta creer que lo haya olvidado...

—Pues todavía no has visto nada —presumió Pía—. Como ves, la casa es muy grande, pero es que además tiene un montón de habitaciones y pasadizos secretos. Hay quien dice que está encantada porque a veces se oyen ruidos extraños... Yo sé que no está encantada, los fantasmas no existen, aunque es verdad que a veces se oyen ruidos... —Pía paró para coger aire, pero Max no pudo intervenir porque seguía con la boca abierta. Pía continuó—. Y el taller de tu abuelo es como otro mundo, hay muchas máquinas que no sé para qué son y otra que sí sé para qué sirve y qué puede hacerte viajar a otro lugar.

El chico no terminaba de aceptar lo que le decía Pía, seguro que eran tonterías de niña pequeña; sin embargo, esa cría parecía saber mucho sobre sus abuelos, así que no pudo evitar que se le pasase parte de su mal humor.

Tal vez, después de todo, su verano no iba a ser tan malo.

7
La abuela

—Max, cierra la boca o te van a entrar bichos, y te aviso que los bichos que hay por aquí son bastante grandes, te quitarían el hambre y Agatha se enfadaría contigo por no querer comer —le avisó Pía.

Max, por fin, logró cerrar la boca.

—¿Por qué no me acuerdo de la casa?... Quiero decir, sí que me acuerdo, pero era más una casita de piedra junto al mar, no ESTO... —dijo Max señalando en dirección al edificio.

Max y Pía caminaron hasta la alta puerta azul que daba paso a la casa de los abuelos; el niño ya levantaba el puño para llamar con los nudillos, cuando la puerta se abrió de golpe.

—¡MAX! ¡MAX! Qué alegría verte, cariño. ¡Qué mayor estás! —La abuela giró la cabeza y gritó hacia el interior de la casa—. ¡Godofredo! ¡Godo!... Ven aquí, Max ya ha llegado... ¿Dónde estará este hombre?...

—Se volvió de nuevo hacia Max—. Pasa, pasa, cariño... ¿Has encontrado bien la casa? ¡Oh! Pero mira quién viene contigo, Pía, mi querida niña, pasa tú también.

Agatha revoloteaba alrededor de ellos abrazándolos con una enorme sonrisa en su cara.

Seguía tal y como la recordaba Max, tal vez un poco más elegante y más alta.

—Seguro que estáis muertos de hambre, pasad a la cocina y comed, he hecho un delicioso pastel de calabaza... —Los tres se dirigieron hacia la cocina mientras la abuela continuaba—: Oh, hijo, qué ilusión verte de nuevo, la última vez que te vi fue hace tres, no, cuatro años. A tus padres les gusta tan poco venir al pueblo, que tuvimos que ir nosotros a la ciudad, y sí, seguro que lo has adivinado, nos pasamos de estación y llegar fue toda una aventura en la que... —seguía Agatha mientras comenzaba a preparar las cosas en la cocina.

Max tenía sentimientos opuestos; por un lado, seguía odiando la idea de tener que pasar todo el verano en ese aburrido pueblo, pero por otro lado, de repente le hacía mucha ilusión ver a los abuelos, estar en esa casa.

Acababa de recordar lo divertidos que podían llegar a ser, si bien la perspectiva de tener que comerse el pastel de calabaza de la abuela no le hacía muy feliz.

Tendría que tener cuidado si no quería morir envenenado.

Todo en la casa le resultaba a la vez familiar y desconocido. La cocina era una estancia de un tamaño considerable, con paredes de piedra, techos muy altos (en realidad toda la casa tenía unos techos muy MUY altos) y un gran fogón antiguo.

Los muebles, de madera, bordeaban una de las largas paredes, mientras que en la otra solo había dos ventanas y una puerta (todas azules) que daban al jardín; y una alacena que llegaba casi hasta el techo llena de platos, tazas y vasos. El centro de la estancia estaba ocupado por una larga mesa, también de madera, con numerosas sillas a su alrededor, todas diferentes y de vivos colores.

Todo estaba muy limpio y ordenado, y olía a pan recién hecho, a galletas y a azúcar tostado.

Max y Pía se sentaron a la mesa mientras Agatha ponía leche a calentar en el gran fogón y terminaba de colocar sobre la mesa los platos, vasos y cucharas para los niños.

Max miraba a su alrededor con una sonrisa en los labios y los ojos muy abiertos. Se diría que no había pestañeado desde el momento en el que vio la que era la casa de sus abuelos.

Y la boca solo la había cerrado porque Pía le había avisado de que la tenía abierta. Así de sorprendido se encontraba.

—Agatha, tengo que hablar con Godofredo, he de darle un mensaje de parte de mi padre, es muy importante —dijo Pía.

—Ah, cierto, cariño, Godo me dijo que vendrías. Estará en su taller, sube, dale el mensaje y vuelve co-

rriendo, si no, la leche con cacao se enfriará. ¿Cuántas nubes quieres en tu cacao?

—¡Todas las que quepan! —exclamó Pía mientras salía de la cocina. Max oyó cómo sus pasos se alejaban corriendo escaleras arriba.

8

Un pastel muy peligroso

Pía volvió pasados unos minutos. Su chocolate todavía humeaba y las nubes se iban deshaciendo lentamente en él.

La abuela estaba cortando un gran pedazo de una tarta de un color naranja suave que olía muy bien.

—Este es mi famoso pastel de calabaza, te va a encantar, Max. Pía lo ha probado ya muchas veces y sigue siendo su pastel favorito.

—Sí que lo es —asintió Pía—. Está tan rico que podría llegar a darte un codazo MUY fuerte solo por quitarte tu ración —afirmó Pía mientras Max pasaba un brazo protector alrededor de su trozo de tarta—. Pero no lo haré porque hay mucho y sé que Agatha me dejará repetir todas las veces que quiera, que serán dos o tres.

Agatha reía con las ocurrencias de Pía mientras iba recogiendo todos los utensilios de cocina.

De repente, se quedó mirando un tarro fijamente y su sonrisa se transformó en un gesto de horror.

—Nonononononono —murmuró—. Esto no puede ser... ¡Niños, no comáis la tarta! Por lo que más queráis... ¡No la comáis! Me he equivocado y le he puesto mi compuesto de helio líquido en lugar de esencia de vainilla, así que os inflaréis y volaréis durante un rato si llegáis a probarla.

Max comenzó a sentir una sensación extraña, primero en la cabeza, después en la punta de los dedos de manos y pies y, después, por el resto del cuerpo.

Era como un cosquilleo bastante incómodo, y cuando se miró las manos intentando averiguar qué pasaba, se dio cuenta de que se estaba inflando.

Tenía la boca llena de pastel de calabaza...

Y no era el primer bocado que daba.

—Demasiado tarde... —se lamentó Max mientras se hinchaba como un globo y comenzaba a flotar sobre su silla—. ¡Voy a morir! ¡Y soy tan joven! ¡Sabía que pasaría esto!

—Vamos, vamos, Max, no es para tanto. Solo te sentirás un poco ligero durante un rato y tendrás que tener cuidado de no salir volando, así que no juegues en el jardín hasta dentro de una hora, más o menos —dijo la abuela dándole la mano y bajándolo del techo, donde Max ya había subido flotando—. Pía, átale este cordel a la cintura y llévalo a su habitación para que la vea, seguro que le va a encantar. Yo voy a tirar este pastel y a hacer uno nuevo para que se le pase el susto a Max.

—¡No quiero más pasteles! ¿Qué pasará si te vuelves a equivocar? ¿Me saldrán escamas por todo el cuerpo? ¿Me desintegraré? —lloriqueaba Max.

—Por favor, Max, no seas tan dramático —le regañó Pía—. No pasa nada, a mí en una ocasión tu abuela me transformó en pato con una de sus fórmulas y después volví a ser yo.

—¿En un pato? Pero ¿qué dices? —se asombró Max.

—No me ha quedado casi ninguna secuela, solo algún «cuac» que se me escapa por las noches mientras duermo. Fue muy divertido. Además, piensa que ahora puedes volar, eso nunca habías podido hacerlo.

—Cariño, y ya que puedes llegar al techo, una vez que Pía te enseñe tu habitación, ¿podrías pasar esto por las lámparas? Así limpiamos el polvo y no tengo que subirme a una escalera —pidió la abuela alcanzándole un plumero.

—¿El polvo? ¿Quieres que limpie el polvo? —se indignó Max.

—Prometo que te haré un nuevo pastel mucho más rico que este y no me equivocaré con los ingredientes. Mira, he sacado mi receta secreta —dijo Agatha mientras abría un antiguo recetario y buscaba la página correcta—. No habrá errores esta vez, Max. Ni un solo error. Estará delicioso. Sé buen chico y limpia el polvo de las lámparas.

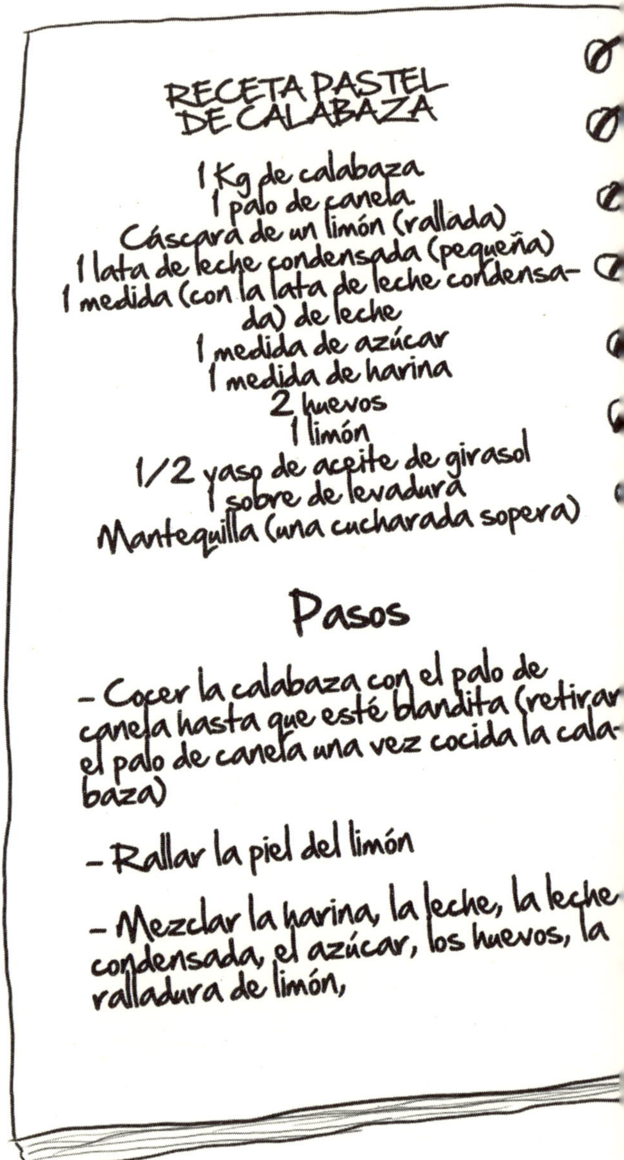
RECETA PASTEL DE CALABAZA
1 Kg de calabaza
1 palo de canela
Cáscara de un limón (rallada)
1 lata de leche condensada (pequeña)
1 medida (con la lata de leche condensa-
da) de leche
1 medida de azúcar
1 medida de harina
2 huevos
1 limón
1/2 vaso de aceite de girasol
1 sobre de levadura
Mantequilla (una cucharada sopera)
Pasos
– Cocer la calabaza con el palo de
canela hasta que esté blandita (retirar
el palo de canela una vez cocida la cala-
baza)
– Rallar la piel del limón
– Mezclar la harina, la leche, la leche
condensada, el azúcar, los huevos, la
ralladura de limón,

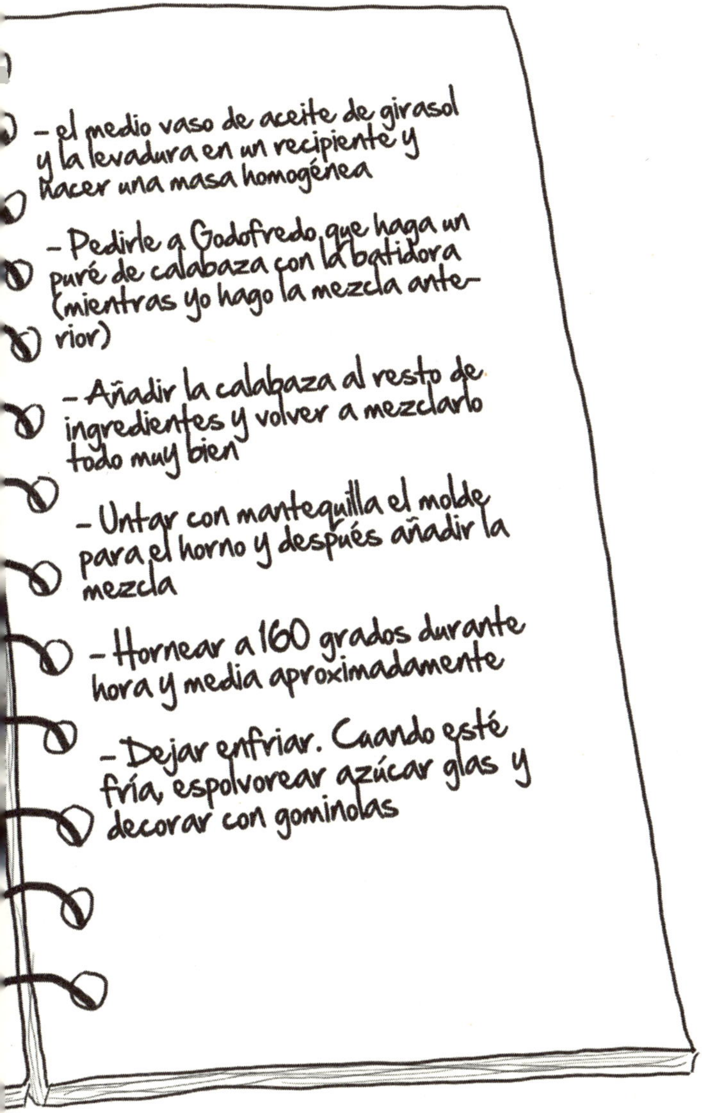

Pía y Max salieron de la cocina, la primera llevando al segundo como si fuese un globo, y se dirigieron a las escaleras para que Max empezase a conocer el que iba a ser su hogar durante todo el verano.

9
El abuelo

Max descubrió que su nueva habitación estaba en una de las torres de la casona. ¡Y podía utilizarla entera! ¡Su propia torre! Nunca había tenido una habitación tan grande. ¡Y con un baño solo para él!

En su piso de la ciudad solo sus padres tenían un baño en la habitación, él tenía que utilizar el del pasillo... Pero ahora tenía un baño inmenso para su uso exclusivo.

Un poco anticuado, eso sí, pero eso daba igual, le hacía sentir importante.

La habitación era redonda, como la torre; la cama, de madera y muy grande, estaba llena de mullidos almohadones.

Había un gran armario de gruesas puertas, demasiado grande para la poca ropa que había traído; una mesa enooorme, con una silla azul que parecía muy cómoda; dos mesillas con sendas lamparitas para poder leer por la noche; varias ventanas con cortinas blancas y azules y un balcón desde el cual Max podía ver el mar y otra de las torres de la casa.

¿Se podía pedir más?

Max y Pía limpiaron las lámparas del piso de abajo y pasaron el resto de la tarde jugando en el jardín (una vez a Max se le pasaron los efectos de la tarta de la abuela).

Cuando Pía se marchó era casi la hora de cenar... Y Max todavía no había visto a su abuelo.

—¡Max! ¡Max! ¡La cena ya casi está! —llamó la abuela.

Max se dirigió a la cocina y al entrar vio, por fin, al abuelo, quien estaba poniendo la mesa mientras la abuela terminaba de hacer la cena.

No había cambiado nada, seguía como lo recordaba, con sus gafas de aviador, sus bombachos y su camisa blanca (no llevaba la chaqueta de cuero, pero ¿quién lleva una chaqueta de cuero en verano?).

—¡Max! ¡Qué mayor estás! La última vez que te vi en esta casa llegabas más o menos por aquí. —Dio unos vigorosos golpes sobre la mesa. Los vasos, cubiertos y platos tintinearon y una cucharita cayó al suelo. Godofredo se dirigió a su nieto y le abrazó—. ¡Qué alegría me da verte! Verás qué bien lo pasas aquí con nosotros, tengo que enseñarte muchas cosas.

—Vale, Godofredo, deja que Max se lave las manos y sentémonos a comer, tienes todo el verano para enseñarle cosas —le regañó Agatha.

Después de lavarse las manos, se sentaron los tres a

la mesa y Agatha sirvió la comida: un (aparentemente) apetitoso estofado de verduras y carne.

Max pinchó con el tenedor un pedazo de carne y lo olisqueó frunciendo el ceño.

—¿Seguro que me puedo comer esto, abuela? ¿No tendrá... efectos secundarios como el pastel de esta tarde? —preguntó Max.

—¡Claro que puedes comerlo! —se indignó la abuela—. Ha sido un accidente, Max. No es para tanto. Empieza a comer, que estás muy delgado. Díselo tú, Godo, dile que está muy delgado.

—Estás muy delgado, Max, come —le dijo el abuelo guiñándole un ojo—. Llevo cincuenta años con tu abuela y sigo aquí, no es tan peligroso comer lo que cocina. Y cuando no se equivoca con los ingredientes, está muy rico todo... Aunque no tan rico como lo que voy a cocinar yo mañana.

La abuela resopló al escuchar aquello, pero no dijo nada.

—¿Qué vas a hacer, abuelo?

—Ya lo verás. Es mi especialidad y tú me vas a ayudar a hacerlo.

—¡Genial! ¿Cuándo me vas a enseñar tu taller? Tengo muchas ganas de verlo, Pía me ha dicho que es chulísimo y que hay un montón de chismes llenos de tornillos y tuercas.

—Después de cenar, pero solo si nos deja la abuela y no estás muy cansado —contestó el abuelo revolviéndole el pelo.

La cena fue una de las más divertidas que había tenido Max en mucho tiempo. En casa de los abuelos no había televisor, así que lo que hacían durante la cena era charlar y reírse.

En la ciudad, su padre, su madre y él se dedicaban a ver la tele y no hablaban. La verdad es que casi nunca lo hacían.

No le molestaba ese cambio en absoluto.

10

No puedes entrar por esa puerta

Después de cenar y recoger la cocina entre los tres, la abuela se dirigió a su sillón favorito de la biblioteca para leer un tratado de química del siglo XVII (¡otra vez los números romanos!, X es 10, V es 5 y cada I es 1, así que es el siglo diecisiete). Mientras, el abuelo y Max subían a la torre que albergaba el taller del abuelo. Se trataba de una torre más grande que la del dormitorio de Max, con más habitaciones y de mayor tamaño.

En el taller del abuelo, tal y como le había dicho Pía, había numerosos aparatos, algunos de aspecto antiguo y polvoriento y otros que parecían recién sacados de una película del espacio. También había una mesa de madera muy grande y tantas herramientas que Max casi no podía contarlas.

Lo que más le llamó la atención a Max fue una especie de armario circular de color acero lleno de luces de colores, interruptores y palancas... Por supuesto, lo primero que hizo fue intentar tirar de una de las palancas y apretar tres o cuatro de los interruptores.

—Max, ni se te ocurra tocar nada —advirtió el abuelo—. Estos chismes no son juguetes, no es buena idea pulsar un botón que no sabes para qué sirve... sobre todo ese rojo sobre el que pone PELIGRO en letras grandes.

Max retiro la mano del interruptor lentamente, mirando al abuelo y sintiéndose bastante estúpido.

Ese era, precisamente, el botón que más le apetecía pulsar, el de PELIGRO. ¿Qué podía salir mal?

—¿Qué te parece el taller? ¿Te gusta? Puedes subir aquí cuando te apetezca y te enseñaré cómo funcionan algunos de estos aparatos; también puedo enseñarte a construir algunas cosas —dijo el abuelo.

—Me encantaría. ¿De verdad me enseñarás a utilizar todo esto? —contraatacó Max—. Pensaba que eras un viejo loco, o eso dicen mis padres, pero creo que se equivocan. Nadie que haga estas cosas tan chulas puede estar loco y, desde luego, no eres TAN viejo.

—Vaya, gracias, nieto —rio Godofredo—. No se lo tengas en cuenta, nunca han destacado por su inteligencia, cosa que me apena mucho; al fin y al cabo, tu madre es mi hija.

Se giró hacía Max, se agachó hasta que sus cabezas quedaron a la misma altura y le apoyó una mano en el hombro.

—Nunca le interesaron mucho ni la ciencia ni los inventos, y se casó con alguien bastante parecido a ella... Una pena, Max, una pena. Verás que esto es muy divertido —terminó el abuelo levantándose y revolviéndole el pelo al chico.

—¿Qué hay tras esa puerta? ¿Puedo verlo? —preguntó Max señalando hacia un enorme portalón de madera situado en la pared más lejana del taller.

—Esa es la única norma que tendrás en esta casa. Puedes hacer lo que quieras, lo que quieras, excepto atravesar esa puerta —terminó señalando hacia la puerta—. No hay nada ahí arriba más que un desván, pero es peligroso subir, el suelo no es tan firme como antaño y podría derrumbarse y no quiero que te hagas daño. ¿Me lo prometes, Max?

—Lo prometo, abuelo.

—Y ahora, buenas noches, enano, ya es tarde y tienes que dormir —dijo el abuelo acompañándolo a la puerta.

Salieron de la torre del abuelo y este cerró la puerta con llave y la dejó colgada en un gancho junto a la puerta. Después, acompañó a Max a su habitación.

Ya en su torre, Max se asomó al balcón. Sus ojos vagaron por el paisaje cuando, de repente, se dio cuenta de una cosa muy misteriosa...

¡¡Había luz en el desván de la torre del abuelo!!

¿Quién había allí?

¿Y por qué el abuelo le había mentido?

¿Qué secreto escondía?

¿Lo sabría la abuela?...

Con estos pensamientos en la cabeza, Max se acos-

Puedes:
Entrar donde quieras.
Leer todos los libros que te apetezca de la biblioteca.
Entrar en mi taller y en el laboratorio de la abuela siempre que estemos nosotros dentro (llama antes a la puerta, por educación).
Puedes saquear la nevera.
Bajar a la playa de día y de noche, aunque para bañarte preferiría que estuvieses siempre con nosotros o con Pía.
Puedes jugar en el jardín... Si bien cuando vayas al bosque tendrás que ser muy cuidadoso y no molestar a los seres que allí habitan.

tó en la inmensa cama... Y cayó dormido como un tronco en cuanto su cabeza rozó la almohada.

Había sido un día muy largo y lleno de sorpresas... ¡Pero ni siquiera se acercaba a lo que viviría al día siguiente!

PELIGRO

11

El secreto del abuelo

Max se despertó debido a un fogonazo de intensa luz blanca que le dio de lleno en la cara desde la ventana... Raro, muy raro, ya que seguía siendo de noche. Miró su reloj: las 3.37 de la madrugada. ¿Qué había sido esa luz?

Se levantó de la cama y se acercó al balcón. Todo parecía tranquilo, como suelen estar las cosas por la noche, dormidas.

De repente, se encendió la luz del desván de la torre del abuelo y una enorme figura se asomó a la ventana.

¿Qué era eso?

Allí había alguien...

O algo.

Ahora estaba seguro

¡¡El abuelo tenía un secreto!!

O algo peor...

¡¡Había un monstruo en el desván del abuelo y él no lo sabía!!

Tenía que investigar este misterio, así que Max se calzó sus zapatillas, se puso unos vaqueros, salió al pasillo y caminó en dirección al taller del abuelo...

¡¡¡CROCK!!!

Max chocó contra un mueble, tal vez sería buena idea encender una luz para no tropezar con los muebles y armaduras que decoraban el pasillo.

Se había hecho bastante daño en la espinilla, seguro que mañana tendría un moratón.

Max continuó por el pasillo hasta la puerta del taller; la llave no estaba en su sitio, pero no se veía luz por debajo de la puerta. Tal vez el abuelo estuviese trabajando a oscuras, pero entonces tenía que avisarle de que había algo en el desván.

¡¡Podía estar en peligro!!

Max abrió la puerta del taller con mucho cuidado, no quería asustar al abuelo, se asomó y vio que allí no había nadie.

Abrió la puerta del todo y entró.

Solo la extraña máquina que había visto antes de acostarse, la de las palancas y botones, estaba iluminada y en una pantalla brillaban unos números.

Miró a su alrededor, todo parecía en orden.

Tal vez el abuelo había vuelto al taller y se había olvidado de cerrarlo, ya le preguntaría por la mañana.

Ahora tenía mucho sueño y quería volver a la comodidad de su enorme cama.

Ya se estaba dando la vuelta para salir, cuando escuchó un llanto que venía desde el desván:

—BUAAAAAAAAAAAAAAAAAA, ESTOY SOLO, SE HA IDO PARA SIEMPRE, CÓMO SE LO EXPLICARÉ A AGATHA. ¡¡OH!! ¡¡QUÉ DESGRACIA!! ¡¡QUÉ ADVERSIDAD!! BUAAAAAAAAAAAAAAAA.

—¿Quién hay ahí? —preguntó Max con voz temblorosa—. Sal o se lo diré a mis abuelos.

—¿Hola? ¿Godofredo? ¿Eres tú? —sonó esperanzada la voz.

—No, soy Max, su nieto. Ahora dime quién eres y por qué te escondes en el desván del taller. Es peligroso, me lo ha dicho mi abuelo.

—¿PELIGROSO? ¿CÓMO QUE ES PELIGROSO? PERO ¿POR QUÉ NADIE ME HA AVISADO DE QUE ES PELIGROSO? ¡¡VOY A MORIR AQUÍ ARRIBA, SOLO Y DESESPERADO!! ¡¡OH, GODOFREDO!! ¡¡QUÉ VOY A HACER SIN TI!! —exclamó la voz.

Max escuchaba los atronadores pasos del monstruo en el techo del taller, correteando de un lado para otro.

—Oye, mira, creo que mi abuelo me dijo que era peligroso solo para que yo no subiese. En realidad, no creo que lo sea. Tranquilízate.

—¿QUE ME TRANQUILICE? PRIMERO ME DICES QUE ESTO ES PELIGROSO Y AHORA QUE NO LO ES. PERO ¿¿EN QUÉ QUEDAMOS?? ME VAS A VOLVER LOCO. ¡¡LOCO!!

Max estaba entre asustado y divertido...

Ese monstruo era bastante nervioso, sus gritos histéricos le estaban empezando a resultar muy cómicos.

Pensándolo bien, ya no quería regresar a su cama, quería saber quién o qué había allí arriba.

Se dirigió a la puerta del desván.

12

¡Abre la puerta de una vez!

Max giro el pomo de la puerta y empujó. La puerta no cedía, pero no se veía cerradura alguna en ella.

—¿Has cerrado la puerta? —preguntó extrañado.

—La puerta está cerrada desde que tú llegaste a esta casa, por si quieres saberlo.

Max pensó que la voz sonaba extraña, una mezcla de gruñido y voz juvenil.

—¿Cómo te llamas?

—Oh, perdona mis modales, me llamo Rex.

—Hola, Rex, yo soy Max.

—Ya lo sé, me lo ha dicho Godofredo. Tu abuelo lleva un tiempo hablando mucho sobre ti. Él y Agatha tenían muchas ganas de verte... Aunque por lo que sé, tú no tenías tantas ganas de verlos a ellos, lo que a mi juicio te convierte en un desagradecido y en una persona muy rara. ¿Quién no quiere ver a Agatha y Godofredo?

—¿Cómo sabes que no quería verlos? Yo no he dicho nada de eso a los abuelos. ¿Me abres la puerta?

—A los abuelos no, pero sí a alguien más —replicó Rex.

—¿A quién?

—A Pía. ¿Te acuerdas de ella? Es esa niña bajita y pelirroja con la que has pasado la mayor parte del día.

—¿Quién eres?

—Ya te lo he dicho, soy Rex.

—Ya, ya, quiero decir que qué haces aquí, en casa de los abuelos.

—¡Ah!... Perdona, pensaba que me preguntabas otra vez mi nombre y no entendía nada, porque acabo de decírtelo y claro, que me lo preguntes otra vez solo puede significar que o bien eres tonto o bien tienes poca memoria... —dijo Rex casi sin respirar—. Pero bueno, que nos vamos por las ramas, estoy aquí porque vivo aquí, ayudo a tu abuelo con sus experimentos.

—¿¿QUIERES ABRIR LA PUERTA DE UNA VEZ?? Estoy harto de hablar contigo así, quiero verte y quiero saber dónde está el abuelo.

—Bueno, bueno, no nos pongamos nerviosos... O MÁS nerviosos, porque llevo una noche que me va a dar un ataque —replicó Rex con una voz muy aguda—. Y no tengo ni idea de dónde está tu abuelo. Dicho esto, ya salgo, no te impacientes.

Se oyó un chasquido y el pomo de la puerta empezó a girar muy despacio.

—Abre ya, Rex, esto es estúpido —se impacientó Max.

—¿Me prometes que no te vas a asustar? —preguntó la voz desde detrás de la puerta—. Si te asustas tus abuelos no me lo van a perdonar nunca. Insistieron mucho en que teníamos que conocernos poco a poco, no sabían cómo te lo tomarías.

—Pero ¿qué porras os pasa en esta casa? ¿Por qué me va a asustar conocer al ayudante de mi abuelo? ¿Qué pasa? ¿Eres un fantasma? ¿Un monstruo?... En realidad no creo que me sorprendiese mucho después de todo lo que he visto hoy. Apuesto a que eres un fantasma. ¿Quién si no viviría en un oscuro desván?

—¿A ti quién te ha dicho que mi desván es oscuro? Para tu información, señorito, es un soleado ático con unas magníficas vistas al mar y al bosque, con un mobiliario moderno y funcional y, si me lo permites, añadiré que lo tengo decorado con un gusto exquis...

—¡¡QUE ABRAS LA MALDITA PUERTA, REX!!

—Oigh, qué modales te gastas, muchacho, vamos a tener que trabajar en es...

—¡ABRE YA!

La puerta se abrió.

Y entonces Max vio al monstruo.

13
Yo soy Rex

—Hola, Max, soy Rex —dijo Rex extendiendo su corto brazo para darle la mano.

Max abrió mucho los ojos y de su boca intentaba salir un ¡OOOOOH!, pero no podía hablar de la sorpresa.

Frente a él había un tiranosaurio rex. Solo fue capaz de pensar «Ah, vaya, así que por eso se llama Rex... Ahora todo cuadra», que no es un gran pensamiento cuando te encuentras por primera vez con un bicho de más de dos metros.

—Eeeeehm... Bueeeeeh... Yo... Yo... Yo no sé qué decir —balbuceó Max.

—Pues no digas nada y estréchame la mano, que llevo tendiéndotela desde que he salido por esa puerta. Te agradezco que no hayas gritado.

—Pero solo ha sido porque no he podido. ¿Qué es ese casco que llevas?

—Se llama Traductor Universal y sirve para poder hablar con los humanos. En mi país, Sauria, hablamos otro idioma, tu abuelo lo inventó para facilitarme las cosas. Yo pienso en mi idioma y cuando hablo, lo digo en el tuyo. Sirve para todas las lenguas conocidas... También sirve para controlar un poco mi mal genio.

—¿Mal genio? No he visto dinosaurio más asustadizo que tú.

—ESO ES PORQUE LLEVO ESTE CASCO. ¿QUIERES VERME SIN ÉL?

—Vale, vale, no te enfades... —rio Max—. ¿Y por qué llevas gafas? Nunca había visto un tiranosaurio con gafas...

—¿Por qué lleva nadie gafas? Vamos, Max, no seas bobo, llevo gafas porque soy miope. Y basta de charla, tenemos que hacer algo para encontrar a Godofredo.

—¿Qué ha pasado?

—Vamos a despertar a Agatha y lo sabrás.

Max y Rex se dirigieron juntos a la habitación de los abuelos, donde Agatha dormía plácidamente. Max entendía ahora por qué los techos de la casa de sus abuelos eran tan altos... Tenía que caber un tiranosaurio.

—Pst, Pst, Agatha, despierta —susurró Rex.

—¿No crees que es un poco idiota susurrar si lo que quieres es que se despierte? —susurró Max a su vez.

—¿Se puede saber qué hacéis vosotros dos juntos? —se sorprendió la abuela—. Y, sobre todo, ¿queréis dejar de susurrar y decirme de una vez qué diablos queréis? —preguntó la abuela en un tono de voz normal, tirando a enfadado.

—Agatha, no sé cómo decirte esto... Han secuestrado a Godofredo... —comenzó Rex.

—¿¡CÓMO QUE LO HAN SECUESTRADO!? —exclamaron la abuela y Max a la vez.

—Fuimos donde-tú-sabes y quien-tú-sabes nos pilló por sorpresa y se llevó a Godofredo. He intentado llegar hasta él para liberarlo, pero está muy bien vigilado... Casi me pillan a mí y me he asustado, así que he vuelto a casa y estaba decidiendo qué hacer cuando he conocido a Max...

—Ya hablaremos de eso, Rex. ¿Estás bien, cariño? ¿Te has asustado mucho? —preguntó la abuela dirigiéndose a Max.

—Abuela, por favor, no tengo cuatro años, por qué debería asustarme un tiranosaurio... Más allá de que pueda devorarme y esas cosas... ¿A quién se le ocurre tener un bicho de estos en casa como mascota?

—Max, jamás te comería, soy vegetariano. Y no soy ninguna mascota —resopló Rex—. Agatha, ¿qué hacemos?

—Vosotros no vais a hacer nada, jovencitos, vais a quedaros en casa mientras yo voy a buscar a Godofredo. —Agatha se levantó y cuchicheó durante unos minutos con Rex. Después, continuó—: Ahora bajad a la cocina. Rex, haz el desayuno, ya sabes dónde está todo. Y escuchadme, porque solo voy a decirlo una vez: quedaos aquí, no le digáis nada a nadie, solo a Pía; y, sobre todo, no intentéis ir a buscar al abuelo. Si no volvemos los dos en un par de días, que Pía hable con su padre, él sabrá cómo ayudarnos. Rex, te dejo a cargo de todo, que no tenga que enfadarme cuando volvamos... Por favor, si solo sois dos niños... ¿Qué vais a hacer aquí solos? Pero ¿qué otra cosa puedo hacer?...

Y con esto, mandó a Rex y a Max a la cocina, se vistió, cogió algunos trastos de su laboratorio y se dirigió, angustiada, al taller del abuelo.

14

Algo terrible ha sucedido

Max y Rex se dirigieron a la cocina. Una vez allí, Rex se puso una especie de chaleco del que salían dos brazos mecánicos y comenzó a hacer el desayuno como si nada hubiese pasado, pero se le notaba preocupado, por lo que Max intentó distraerle.

—¿Qué es ese chisme, Rex?

—Puede que no te hayas dado cuenta, pero mis brazos no son muy largos. El abuelo me construyó este chaleco, lo llamamos bralecotrón, para que pueda hacer de todo. Ahora mismo estoy batiendo huevos para hacerte tortitas. ¿Lo ves, Max? ¿Lo ves? Cuando vivía en mi país no podía hacer nada de esto —dijo Rex con una amplia sonrisa que dejaba ver sus 60 dientes—. Y mira, también tengo muchas herramientas en los dedos: un mechero, una ganzúa, una llave inglesa... —Rex le iba enseñando al niño las cosas que iba mencionando, hasta que Max lo interrumpió.

—Tenemos que buscar una forma de liberar al abuelo, Rex. Lo sabes, ¿no? La abuela no va a poder sola, es una señora mayor y...

—Ni hablar. Agatha nos ha dicho que nos quedemos aquí y es lo que vamos a hacer. Me ha hecho responsable de ti y no quiero ni pensar en la regañina que me caería si no la obedecemos.

—Pero Rex...

—¡¡NI HABLAR!!

Y así seguían discutiendo cuando una cabeza pelirroja asomó por la ventana de la cocina gritando:

¡¡BUENOS DÍAS A TODOS!!

—¡¡¡¡¡AAAAAAHHHHH!!!!! PÍA, ¿¿QUIERES QUE ME DÉ UN INFARTO?? —chilló Rex llevándose las manos mecánicas al pecho.

—Venga, Rex, no te va a dar un infarto, apenas eres unos años mayor que yo y tu corazón es fuerte como el de un dinosaurio... ¡Ah! Eso debe ser... ¡¡Porque eres un dinosaurio!! —rio Pía—. Venga, decidme, ¿por qué estáis discutiendo?

Max y Rex le contaron a Pía todo lo que había pasado por la noche mientras desayunaban los tres juntos. Pía y Max, tortitas con cacao, y Rex, muesli con leche, por aquello de ser vegetariano.

Pasaron el resto del día muy nerviosos, Max incluso quiso llamar a sus padres, idea que Pía y Rex le quitaron de la cabeza porque a ver cómo les explicaba que lo estaba cuidando un tiranosaurio adolescente. Rex no hacía más que subir y bajar del taller del abuelo para

ver si Agatha y Godofredo habían regresado, y aprovechando uno de estos viajes, Max y Pía tramaron sus propios planes.

—Tengo la sensación de que algo terrible ha sucedido —dijo Pía—. O ya habrían vuelto.

—¿Crees que deberíamos ir a buscar a los abuelos?

—Con Rex por aquí vigilando va a ser complicado... Si hasta nos ha obligado a comernos toda la comida del plato... Es peor que mi madre —contestó Pía, resoplando.

—Pues tenemos que colarnos en el taller del abuelo cuando no mire e intentar averiguar dónde han ido.

—Oh, bueno, yo tengo una idea del sitio en el que están, solo necesitamos distraer a Rex y colarnos en el taller del abuelo. Una vez allí, el transportador dimensional hará el resto.

—¿Transportador dimensional?

—Es una historia muy larga y ahora no tenemos tiempo. Total, si nuestros planes salen bien, vas a averiguar por ti mismo qué es el transportador dimensional. Prepara un par de mochilas con algo de ropa y comida... Y una cuerda, que nunca se sabe cuándo puede hacer falta una cuerda... Y escóndelo todo en el taller del abuelo. Ahora voy a ir a contarle a mi padre lo que ha pasado y enseguida vuelvo.

Y diciendo esto, Pía se levantó y se fue corriendo.

15

¡Me vais a matar de un disgusto!

Pía regresó a tiempo para la cena. Apenas comieron. Max estaba muy nervioso pensando en cómo evitarían la vigilancia de Rex para ir en busca de los abuelos; Pía estaba nerviosa porque no sabía exactamente qué se encontrarían al otro lado del transportador dimensional, y Rex estaba muy nervioso, sin más.

—Se me ha hecho muy tarde, me voy a ir a casa ya, tengo mucho sueño —dijo Pía bostezando y desperezándose.

Max y ella habían quedado en que una vez Rex se durmiese, el chico bajaría y le abriría la puerta de la cocina para dirigirse después al taller del abuelo y utilizar el transportador dimensional. Max seguía dándole vueltas a eso del «transportador dimensional», pero pronto iba a averiguar qué era. Ya tendría tiempo de hacer preguntas después. Ahora lo urgente era que Rex se durmiese.

—Yo también me voy a acostar ya, Rex, estoy muy cansado y preocupado, quiero que sea ya mañana para ver si los abuelos han regresado —dijo Max levantándose del sillón en el que se había sentado y dirigiéndose a la puerta a acompañar a Pía—. Vete a dormir tú también, tienes que estar agotado después de cocinar todo el día para nosotros.

—Tienes razón, ha sido un día muy difícil, estoy muerto de preocupación por Agatha y Godofredo. Vamos a dormir, seguro que mañana cuando despertemos ya habrán regresado —confirmó Rex bostezando a su vez.

Max daba vueltas por su habitación haciendo tiempo.

A la hora convenida se asomó al balcón para ver si la luz de la torre de Rex (y del taller del abuelo) seguía encendida.

Si Rex no estaba dormido, todo su plan se iría a la porra.

La luz estaba apagada, eso significaba que Rex estaría ya soñando con las cosas que sueñan los dinosaurios, así que Max bajó a la cocina y abrió la puerta.

Pía estaba ya esperando en el jardín.

—Tenemos que ser muy silenciosos, Pía —susurró Max—. Rex duerme en el desván que está encima del taller, no quiero que se despierte por nada del mundo o podemos olvidarnos de todo nuestro plan.

—Oh, vamos, Max, eres tú el que camina con la delicadeza de un elefante cojo. Se te oye venir a varios kilómetros de distancia, así que intenta TÚ ser silencioso —cuchicheó entre dientes Pía, algo indignada.

Subieron las escaleras sin encender ninguna luz, muy despacio, evitando pisar los escalones que crujían y se dirigieron a la puerta del taller, que también estaba a oscuras.

Pía fue en línea recta hacia las luces del extraño armario que había visto Max en su primera visita, seguida por Max.

Las mochilas estaban escondidas detrás del armario, solo tenían que cogerlas e ir a ayudar a la abuela a rescatar al abuelo.

¡¡¡CLANK!!! ¡¡¡POFF!!! ¡¡¡CRASSS!!! ¡¡¡AAAAYYYYYYY!!!

Al parecer, Max no se sabía tan bien como Pía el taller del abuelo, ya que tropezó con una banqueta... Y ahí acabó toda su operación secreta.

Por la rendija de debajo de la puerta del desván, vieron cómo se encendía la luz y oyeron los pesados y enfadados pasos de Rex bajando por las escaleras.

—¡¡CORRE, ENTRA EN EL TRANSPORTADOR DIMENSIONAL!! —gritó Pía a Max entrando ella misma en el armario raro.

Max corrió para atravesar el taller cuando la puerta del desván ya se abría y Rex asomaba.

—PERO ¿¿QUÉ HACÉIS?? ¡¡ME VAIS A MATAR DE UN DISGUSTO!! ¡¡NO HAGÁIS ESO!! ¡¡AGATHA ME VA A REGAÑAR!! —chilló Rex corriendo hacia el transportador dimensional.

PELIGRO

Max llegó al transportador a la vez que Rex y entró de un salto... lo que también hizo Rex, pero con la intención de sacarlos de allí... Cosa que no pudo hacer porque Pía apretó el botón de «Inicio».

¡TRRRRRKKKKK SSSSSSSS FFFFFIIIIUU UUUUU FFFFFIIIUUUUUUU GRLKSGRLKSGRLKS!

¡¡POFF!!

16

Ya no estamos en la Tierra, Max

¡BURIBURIBURIMEEEEEEEC!

¡¡¡POFF!!

Y todo quedó en silencio, ninguno de los tres era capaz de ver más allá de la punta de su nariz. Seguían metidos en el transportador dimensional.

—No parece que haya pasado nada —dijo Max.

—No tienes ni idea, Max —contestó Pía.

—Me van a matar, tus abuelos me van a matar... —lloriqueó Rex.

—Dejaos los dos de tonterías. Max, sí ha pasado algo, hemos viajado a otra dimensión. Y Rex, para ya de una vez con quejas y llantos, estamos aquí y no vamos a volver hasta que encontremos a Agatha y Godofredo. Y ya está, se acabó la discusión. Y ahora, Rex, haz el favor de abrir la puerta, yo no alcanzo, estamos demasiado apretados aquí.

—No me llegan los brazos, son demasiado cortos, con las prisas no me dio tiempo a ponerme el bralecotrón. Intenta alcanzar tú la puerta, Max.

—Como si supiera dónde está... Y como si pudiera moverme.

—Max, la tienes detrás de ti, ¡¡gírate y abre la maldita puerta!! ¡¡Estamos apretados como en una lata de sardinas!! ¡¡Y NO OLÉIS NADA BIEN!! —exclamó Pía enfadada.

—Pues no seré yo, que me he puesto agua de Colonia después de mi baño —dijo Rex algo mosqueado.

—¡¡BASTA!! ¡¡LOS DOS!! —exclamó Max girándose a duras penas para abrir la puerta.

Una vez libres, los tres salieron a lo que al chico le pareció el taller del abuelo, pero en lugar de bombillas, había lamparás antiguas y candelabros.

—No parece que hayamos ido a ningún sitio, os lo dije.

—A ver, Max, ¿no ves ninguna diferencia con el taller de Godofredo?

—No hay luces eléctricas, y las herramientas parecen algo más viejas... No sé qué tipo de magia habéis hecho ahora Rex y tú. Empiezo a estar cansado de todo esto.

—Estamos en Ur —intervino Rex con un hilo de voz. Parecía muy asustado.

Max miró de nuevo a su alrededor; además de las luces, también había cambiado el transportador dimensional, que ya no era de metal, era de madera, y en vez de luces de colores ahora tenía palancas y banderitas de tela.

Y había otros detalles minúsculos, como que allí era de día. Cuando entraron en el transportador dimensional, era noche cerrada.

—¿En dónde dices que estamos?

—En Urkalianditalannistán —contestó Pía.

—¡¿Urkalqué?!

—Urkalianditalannistán. Puedes llamarlo Ur, para abreviar.

—Ur. Vale. ¿Me podéis explicar qué está pasando aquí?

—Hemos viajado a otra dimensión. Esta dimensión es Ur, la otra es la Tierra —comenzó a explicar Pía—. Tus abuelos, Rex y mi familia somos de aquí, de Ur... Bueno, yo nací en la Tierra, pero mis padres son de aquí, igual que tu madre. Tuvieron que huir de Ur hace muchos años.

Max abrió mucho los ojos ante la revelación de que su madre era de Ur.

¡Nunca le había dicho nada!

Esta visita a los abuelos no estaba resultando para nada como esperaba.

—Rex llegó después —continuó Pía—, porque en Sauria, su pueblo, no está muy bien visto que uno de sus habitantes sea vegetariano... Ni que le interese inventar cosas y convivir en paz con otros pueblos, ya que nos ponemos. En Sauria son bastante crueles, así que tu abuelo lo rescató y lo llevó a la Tierra como su ayudante. Allí no puede salir mucho, pero es mejor eso que ser despellejado por tu propia familia.

—Pero esto es igual que la Tierra... —comentó Max extrañado.

—Bueno, es parecido. Piensa en una tarta de chocolate negro. ¿La tienes? Bueno, pues ahora imagina que a esa tarta de chocolate negro le añadimos una capa por encima de chocolate con leche. Pueden parecer iguales, pero en realidad no lo son. Pues lo que ocurre con la Tierra y Ur es parecido, son dimensiones similares, pero no iguales. Las distancias son las mismas, y las ciudades, ríos, montañas y mares, también, aunque aquí se llamen de otra forma. Por ejemplo, el océano Atlántico aquí se llama el Azul. Además, en la Tierra hay más tecnología y aquí hay... otras cosas.

—¿Otras cosas?

—Irás descubriéndolas poco a poco.

—ESO SERÁ SI NO MORIMOS AQUÍ... —volvió a lloriquear Rex.

—Venga, Rex, déjalo ya, no vamos a morir. Mi padre sabe dónde estamos y vendrá a buscarnos en un par de días si no hemos vuelto a la Tierra —resopló Pía.

—Mirad, no me importa dónde estemos, hemos venido a por mis abuelos y de aquí no nos vamos sin ellos, así que ¿por dónde empezamos a buscar?

Rex miró a Pía y suspiró.

Después se dirigió a un armario, cogió un braleco-

TIERRA
UR
NO ES ASÍ EXACTAMENTE,
PERO NI SIQUIERA NOSOTROS
LO ENTENDEMOS MUY BIEN

trón como el que se había puesto para hacer el desayuno esa misma mañana en Bahía Calamar y dijo:

—Mejor será que caminemos hasta Bahía Mejillón y hablemos con Falgar, él podrá ayudarnos.

Y diciendo esto, salió por la puerta del taller.

17

Los planes secretos del abuelo Godofredo

La casa de los abuelos en Ur era casi igual que la de la Tierra, por lo menos en apariencia; sin embargo, las cosas parecían más viejas y polvorientas. Y los colores más apagados.

Salieron al jardín (que sí era igual que el que tenían los abuelos en la Tierra) y comenzaron a caminar hacia Bahía Mejillón con Pía a la cabeza.

—Max, tú no le digas a nadie quién eres y si te preguntan, te llamas Berg. Déjanos hablar a Rex y a mí —advirtió Pía girándose hacia él—. Es muy importante que nadie sepa que Godofredo tiene un nieto.

—Está bien, intentaré cerrar la boca. ¿Quién es ese Falgar que habéis mencionado?

Rex sonrió de oreja a oreja... La verdad es que a Max le asustaba un poquito cada vez que sonreía porque se le veían todos los colmillos y eso le recordaba que, aunque vegetariano y joven, seguía siendo un tiranosaurio.

—Falgar es un viejo amigo —seguía sonriendo Rex—. Yo le conocí gracias a tu abuelo. Ayudó a huir a tu familia y a la de Pía; si alguien sabe algo, ese es Falgar. En Ur no se mueve una hormiga sin que él se entere.

—Vaya, parece un tipo interesante —comentó Max levantando las cejas.

—Más de lo que te imaginas, Max, mucho más de lo que te imaginas...

Caminaron lo que a Max le pareció una eternidad sin cruzarse con nadie.

De repente, Pía paró en seco y miró entornando los ojos hacia delante.

—Chicos, es mejor que salgamos del camino y continuemos por la playa, se acerca alguien y no quiero que nos vean. Al menos, no todavía. Podría ser alguno de los secuaces que el capitán Maliand tiene apostados por todo Bahía Mejillón.

Cuando llegaron a la playa y pudieron seguir andando de manera segura, Max preguntó:

—¿Quién es el capitán Maliand?

—Ya es hora de que sepas algo —explicó Pía—. Tu abuelo estaba intentando robar un arma muy poderosa que guarda el capitán Maliand y con la que podría dominar gran parte de Ur. Mi padre y Godofredo trabajan juntos en esto. Aún les quedan algunos amigos y aliados aquí, pese a lo mal que están las cosas.

—Espera, espera... A ver si lo entiendo. ¿Tú sabías que mi abuelo venía aquí en una misión tan peligrosa y no me dijiste nada?

—No podía, Max. ¿Recuerdas cuando subí a hablar con Godofredo el día que llegaste?

—Sí, claro. No tardaste nada, el chocolate humeaba todavía cuando volviste.

—Bien, pues le llevaba un mensaje de mi padre diciendo que ya estaba todo listo, que podía partir cuando quisiese. Mi padre me dijo que se lo diese solo a él, nunca se sabe quién puede estar escuchando.

—Pero ¿qué es lo que estaba listo?

—Mi padre tiene mucha influencia entre los habitantes del mar, ellos habían descubierto dónde escondía Maliand el arma e iban a llevar a Godofredo de manera segura hasta ella y traerlo de vuelta al transportador dimensional. No sé qué pudo ir mal, pero ha tenido que ser algo gordo. Falgar podrá contarnos más.

—¿Y la abuela? ¿Qué pinta mi abuela en todo esto?

Rex y Pía cruzaron una mirada y Pía asintió con suavidad.

Rex dejó de caminar, se giró hacia Max y le dijo:

—Agatha es la mujer más inteligente y valiente que conocerás nunca. Ella sabía todo lo que planeaban Godofredo y el padre de Pía. Tus abuelos iban a venir juntos a robar el arma cuando tus padres llamaron pidiéndoles que te cuidasen este verano.

Rex hizo una pausa y agachó la cabeza mirando al suelo.

Parecía que no iba a continuar, cuando levantó los ojos de nuevo. Su mirada reflejaba una profunda tristeza.

Apoyó uno de los brazos mecánicos en el hombro de Max y buscó los ojos del chico con los suyos.

—Tienes que entender que Agatha te ha echado mucho de menos, Max. Hacía años que no te veía porque la relación con tu madre no es muy buena. Apenas llama y mucho menos viene a ver a tus abuelos. En esta visita tuya, Agatha vio la oportunidad de recuperarte, de crear una relación contigo y de disfrutar siendo una abuela normal, que es lo que ha querido desde que supo que tenía un nieto... Y prefirió quedarse en Bahía Calamar cuidando de ti. De no ser por eso, habrían venido los dos juntos. —Rex se giró—. Venga, sigamos caminando, no es seguro parar mucho rato en ningún sitio. —Y continuaron caminando.

Max se había quedado sin palabras. Nunca había pensado en el motivo por el que sus padres y sus abuelos tenían una relación tan extraña y lejana. Ahora se sentía muy culpable por no haber querido pasar las vacaciones con los abuelos, pero mirando a su alrededor, empezaba a comprender muchas cosas.

—Vale, estamos llegando a casa de Falgar. —Pía interrumpió los pensamientos de Max—. Rex, creo que eres el más indicado para hablar con él. Yo apenas le he visto un par de veces, pero vosotros sois amigos y confía en ti. ¿Sabes lo que tienes que decir?

Rex gruñó algo incomprensible y se dirigió decidido a una pequeña cabaña situada a caballo entre la arena y el mar.

La cabaña estaba hecha con madera, pero también

podía ver algas y conchas en sus paredes; las ventanas eran redondas y el tejado de coral azul, rojo y morado.

La construcción parecía fuerte, pero Max no llegaba a entender cómo podía estar la mitad en el agua y la otra mitad en la arena sin venirse abajo. Ur estaba resultando un lugar interesante.

18

En casa de Falgar

Rex golpeó la puerta con los nudillos de sus manos mecánicas:

TOC, TOC, TOC.

—Ya va... Ya va... —se escuchó desde el interior de la cabaña. A los pocos segundos se abrió la puerta dando paso a un cangrejo de aproximadamente un metro y medio de altura que lucía una larga barba blanca y fumaba en una pipa hecha de conchas marinas—. ¡Rex! ¡Qué alegría verte! Pasa, pasa... ¡Pía! La última vez que te vi eras apenas un renacuajo, cuánto has crecido —dijo el cangrejo—. Y tú... Uhmmmffff... Tú debes ser Ma... Berg, tú debes ser Berg. Muchacho, he oído hablar mucho sobre ti. Pasad los tres, no es seguro quedarse en la puerta.

La cabaña del cangrejo era pequeña, acogedora...

Y rara.

En una mitad de la cabaña, el suelo era de arena de playa.

La otra mitad (la que correspondía al dormitorio de Falgar) flotaba sobre las aguas permitiendo a los tres visitantes ver el fondo del mar, sin columnas ni nada que lo sostuviesen.

Max miraba a su alrededor maravillado.

Falgar los invitó a sentarse en unas sillas hechas con madera de deriva.

Se dirigió a la pequeña cocina donde una tetera hervía al fuego y sirvió cuatro tazones de un espeso líquido azul que ofreció a sus invitados.

—Sabía que vendríais, Agatha me avisó. —Los tres niños cruzaron miradas de sorpresa—. Ya... Ya sé que os dijo que no os movierais de la Tierra, pero a veces parece que pueda ver el futuro —añadió Falgar mientras Rex, Pía y Max sonreían avergonzados.

—¿Sabes qué ha pasado? ¿Por qué atraparon a Godofredo? —preguntó Rex nervioso.

—Alguno de los habitantes del mar lo traicionó y le dio la información al capitán Maliand. Estoy intentando averiguar quién fue, y cuando lo sepa nada podrá evitar que reciba su merecido castigo.

—¿Sabes dónde están mis abuelos? —preguntó Max olfateando la extraña bebida azul.

—Podría saberlo —dijo el cangrejo.

—Habla, Falgar.

—En el Atolón Sardinón.

—¡¡NO!! —exclamó Rex poniéndose en pie—.

Pero... Pero... Pero eso es horrible. Falgar, no deberías haber permitido que fuese allí sola.

Max no entendía nada, con ese nombre no parecía un lugar demasiado amenazador.

—Rex, creo que exageras, si mi abuela ha decidido ir allí, no debe ser tan peligroso...

—Lo es, Max —le cortó Pía—. Allí está la guarida del capitán Maliand, sus aguas están infestadas de tiburones y morenas fieles al capitán, por no hablar de la cantidad de piratas armados hasta los dientes que vigilan en tierra firme...

—Tranquilizaos, muchachos. —Falgar se levantó y desplegó un mapa ante ellos—. No tengo noticias de que hayan atrapado a Agatha. Lo que sí sé es que saben que ella está aquí, en Ur, así que para dificultar el rescate de Godofredo, lo han sacado de la guarida del Atolón Sardinón y ahora está en el *Tormenta Negra*. Más o menos por esta zona. —Y señaló un punto en el mapa.

—¿El *Tormenta Negra*? —preguntó Max—. ¿Qué porras es el *Tormenta Negra*?

—Es el barco del capitán Maliand —contestó Rex.

—Uyuyuyuyuy... Esto se complica cada vez más —dijo Pía—. Creo que tenemos que llegar al Atolón Sardinón para ayudar a Agatha, es la mejor opción ahora mismo. —Max y Rex asintieron enérgicamente—. ¿Tienes forma de llevarnos hasta allí?

—¿Por quién me tomas, pequeña? Soy Falgar el Sabio. Si yo no soy capaz de ayudaros en esto, nadie podrá. Venid conmigo.

Todos siguieron a Falgar, que, saliendo por la puerta de la cabaña, se dirigió hacia unas rocas situadas pocos pasos más allá.

Camuflada entre las piedras había una embarcación de unos siete metros de eslora (Max sabía que la eslora de un barco es lo que mide desde la parte de delante, que se llama proa, a la parte de detrás, que se llama popa).

La embarcación apenas era visible, ya que su color era casi igual al de las rocas.

—Esta barca os llevará hasta allí, da igual la dirección que toméis, ella llegará al lugar que estéis pensando, así que pensad que queréis llegar a una zona escondida del Atolón Sardinón. Con eso bastará —explicó Falgar mientras los ayudaba a subir—. Una vez en el agua es muy difícil que alguien pueda verla —continuó el cangrejo—, se camufla con el entorno. Permaneced en el puente; al ser cubierto, nadie podrá veros tampoco a vosotros.

Cuando Pía, Rex y Max estuvieron en la barca, Falgar la empujó hasta el agua mientras les decía:

—Intentaré hacerle llegar un mensaje a Agatha para que sepa que estáis de camino. ¡¡Tened cuidado, chicos!! —Y continuó—. ¡¡Pía, informaré a tu padre!! No es ninguna tontería que esté preparado por si le necesitásemos. Por favor, tened mucho mucho cuidado. No os separéis y permaneced ocultos.

La figura de Falgar en la playa fue haciéndose
más

y

más

pequeña.

En la barca, los tres niños sabían que encontrarían numerosos peligros, estaban asustados, pero ahora no podían volver a la seguridad de la Tierra.

No cuando estaban tan cerca de encontrar a Godofredo.

Debían seguir adelante.

19

La embestida

Las olas balanceaban la barquita en la que viajaban Max, Pía y Rex. Era un balanceo suave y ligero, pero, aun así, Rex comenzó a encontrarse mal:

—Me estoy mareando. Tengo ganas de vomitar...

—La verdad es que tienes mala cara, estás más verde que de costumbre —confirmó Max.

—Si vas a vomitar intenta no hacerlo encima de nosotros, por favor —dijo Pía separándose un poco de Rex.

Rex salió del puente y se acercó torpemente a la borda, asomó la cabeza y devolvió todo el desayuno.

—GRRRRUUAAAAAAGRGRRRRRLLLLLLGGGHHH.

Max y Pía se acercaron a Rex, saliendo también del resguardo del puente.

—¡Buagh! Rex, qué asco. ¿En serio no podías evitarlo?

—Vamos, Max, no te pongas así —intervino Pía—, tampoco pasa nada. ¿Te encuentras mejor, Rex?

—Sí, algo mejor, pero o llegamos pronto al Atolón Sardinón o no sé qué va a ser de mí. Creo que moriré.

—A veces pareces mi madre —rio Max.

—Vaya, al señorito le parece gracioso que me ponga enfermo, el señorito siempre tiene que decir algo malo de mí porque el señorito es perfecto, el señ...

Rex cortó en seco su enfadado discurso cuando una sombra se cernió sobre ellos tapando los rayos del sol.

Los tres se giraron en la barca justo a tiempo de ver cómo un galeón pirata del tamaño de un edificio les abordaba veloz como un coche de carreras.

Apenas tuvieron tiempo de saltar al agua antes de que el inmenso barco les golpease, rompiendo en más de mil pedazos la barca que Falgar les había prestado.

Solo Rex y Max salieron a la superficie.

Max metía la cabeza en el agua y miraba a su alrededor intentando encontrar a Pía. La sal del mar le escocía en los ojos, pero él seguía buscando.

No veía más que peces.

Rojos, azules, blancos, con rayas...

Peces.

Ni rastro de Pía.

Rex había hinchado el bralecotrón con un botoncito escondido debajo de uno de los brazos y gracias a eso conseguía mantenerse a flote; no era de gran ayuda para encontrar a la niña.

Tormenta Negra

Max comenzaba a ponerse muy nervioso y sus ojos se llenaron de lágrimas:

—¡Rex! No puedo encontrar a Pía. ¡Ayúdame! ¡Se va a ahogar!

—Vaya vaya... ¿Qué tenemos aquí? Un par de pececillos... ¡¡PESCADME A ESTOS DOS MERLUZOS, MARINEROS!! —atronó una voz desde el galeón.

—¡Señor! ¡Señor! ¡Tiene que ayudarn...! —comenzó Max.

—Max, calla, es el capitán Maliand —susurró Rex en voz muy muy bajita—. Estamos perdidos. Recuerda, te llamas Berg.

Los ojos de Max se abrieron de par en par y comenzó a nadar intentando alejarse de la terrible nave pirata.

El esfuerzo que había hecho intentando encontrar a Pía se cobró su precio y pronto sus brazos se cansaron, así que cuando los piratas se acercaron en una barca de remos, les resultó bastante sencillo pescarlo.

Bastante menos les costó capturar a Rex.

El flotador en el que se había convertido su chaleco le impedía moverse con agilidad... si es que Rex se había movido alguna vez con agilidad. Al fin y al cabo, era un tiranosaurio de dos metros de altura.

Cuando por fin los izaron al navío pirata, Max lloraba a moco tendido.

Mientras los piratas terminaban de subir al barco, no podía dejar de pensar en que Pía no lo había conseguido.

Pía había muerto en ese mar, lejos de casa, lejos de su padre... de su familia...

Y todo por su culpa, por intentar rescatar al abuelo.

Y hasta en eso había fracasado.

Ahora el capitán Maliand los había capturado también a ellos y la abuela iba a tener muy difícil salvarlos a todos. Rex tenía razón, estaban perdidos.

Si le hubiese hecho caso a la abuela, nada de esto habría ocurrido.

Rex le pasó a Max uno de sus brazos mecánicos por los hombros y lo atrajo hacía sí abrazándolo.

Se inclinó sobre él, ahora con sus dos manos de metal en los hombros del niño y lo miró a los ojos durante unos segundos. Después le guiñó un ojo y media sonrisa asomó a su bocaza llena de afilados dientes.

Era como si Rex le hubiese leído el pensamiento, porque acercó su hocico al oído del Max y le susurró:

—No te preocupes por Pía. Tengo un plan.

20

El terrible y feo capitán Maliand

—¿Cómo que no me preocupe por Pía? —susurró Max entre sollozos—. Pero ¿no ves que se ha ahogado? ¿Qué quieres decir con que tienes un plan?...

—A ver, merluzos, callaos u os hago caminar sobre la tabla... Y estas aguas están infestadas de tiburones. ¡JA, JA, JA! —retumbó la risa del terrible y feo capitán Maliand.

Max y Rex se asustaron muchísimo, sabían que «caminar sobre la tabla» significaba «ser arrojados al agua para ser devorados por los tiburones» en argot pirata. Y eso era algo que preferían no probar.

—¿Quiénes sois y adónde vais? —comenzó a interrogar el feo capitán.

—Oh, bueno, solo somos dos simples pescadores, mi señor —comenzó Rex—. Yo me llamo Elflir y como ve, soy ciudadano de Sauria. Este es mi compañero Berg, de Bahía Mejillón. No pretendíamos importu-

narles, mis queridos señores —añadió mirando a toda la tripulación—. Solo disfrutábamos de un agradable día de pesca.

—¿¿Esperas que me crea eso, sucio dinosaurio?? ¿Acaso tengo cara de idiota?

—Bueno, señor, yo... no sé qué contestar a eso... No sé muy bien de qué tiene cara usted...

La risa afloraba a la boca de Rex, ya que el capitán Maliand SÍ tenía cara de idiota... Aunque no lo era. Era uno de los piratas más terribles y malignos de Ur y Rex lo sabía.

—No, mi señor, no tiene usted cara de idiota —interrumpió Max dándole un disimulado codazo a Rex—. Como bien dice mi compañero, somos dos simples pescadores. Lamentamos haber chocado contra ustedes.

—¡MARINEROS! —tronó el capitán Maliand—. ATADLOS Y PROCURAD QUE NO ESCAPEN. Ya pensaremos más adelante qué hacer con ellos, ahora tenemos que preocuparnos de nuestro «otro» prisionero.

Max y Rex se miraron entre ellos con disimulo ante la mención a ese «otro» prisionero.

Ambos supieron que hablaba del abuelo Godofredo; era necesario averiguar dónde estaba.

Tal vez no todo estuviese perdido.

Los bucaneros ataron a Max y Rex y los metieron en una oscura y húmeda bodega, no sin antes advertirles de que debían estar quietecitos y calladitos si no querían acabar siendo comida para peces.

—Se refería al abuelo, ¿verdad? —preguntó Max una vez se quedaron a solas.

—Estoy convencido. Creo que tengo que cambiar un poco mi plan porque es muy importante que averigüemos dónde tienen a ese «otro» prisionero.

—De acuerdo, dime qué has pensado. Quiero vengarme de estos piratas por lo que le han hecho a Pía.

—Primero voy a tumbarme y a morder tus cuerdas para desatarte, y esta noche tendrás que salir a escondidas y espiar al capitán y a sus hombres...

—¿Y si me descubren? —intervino Max.

—Si te descubren ambos seremos la cena de algún enorme pez, así que intenta que no te descubran. Y-NO-ME-IN-TE-RRUM-PAS —se impacientó Rex. Estaba aterrorizado, pero su mente iba a toda velocidad—. Veamos, por dónde iba... Ah, sí... Cuando sepas dónde está tu abuelo, vuelve aquí y quítame el Traductor Universal.

—¿El Traductor Universal? Pero ¿no me morderás?

—Claro que no te morderé, Max, pero recuerda que me ayuda a controlar mi mal genio... Y con eso, mi fuerza. Y creo que vamos a necesitarla a lo largo de la noche... Además, en Ur los saurios tenemos cierta fama de... violentos y la gente suele temernos. Esa es la única ventaja que tenemos frente a todos estos piratas.

Rex comenzó a mordisquear las cuerdas de Max. Cuando lo liberó ya era de noche.

Los habían atado muy bien. Max se levantó, se sacudió el polvo de los pantalones, desató a Rex (cosa que le llevó un rato) y se dirigió a la puerta de la bodega.

Como ya se imaginaba, la puerta estaba cerrada, así que tendría que buscar otra salida. Se dirigió a uno de los ojos de buey (así es como se llaman las ventanas redondas en los barcos) y ya estaba trepando para salir por él, cuando Rex le preguntó:

—¿Se puede saber qué haces?

—La puerta está cerrada, Rex, por algún sitio he de salir.

Rex miró hacia arriba y negó con la cabeza a la vez que resoplaba por la nariz.

—¿Crees que estas manos que me hizo tu abuelo solo sirven para coger cosas? Pues espera y verás.

El dinosaurio se dirigió a la puerta de la bodega y comenzó a manipular la cerradura de espaldas a Max. Se oyeron algunos leves chasquidos —clic, clac, clic, clac— y, de repente, la cerradura se abrió.

—Intenta averiguar dónde está ese «otro» prisionero y vuelve. Entonces tendrás que quitarme el Traductor Universal y huiremos de aquí.

21

El otro prisionero

Max salió de la bodega y subió por unas escaleras hacia la cubierta.

Una pequeña puerta dejaba pasar la suficiente luz de luna para permitirle avanzar en silencio y sin ser visto. Cuando llegó a la puerta, se asomó y localizó a un par de piratas que hacían guardia.

—¿Has llevado la cena al otro prisionero? —preguntó el pirata más alto. Llevaba una camiseta de rayas, unos pantalones bombachos de color oscuro (en serio, ¿qué les pasaba con los bombachos? ¿Estaban de moda y Max no se había enterado?) y unas botas hasta casi la rodilla acabadas en punta.

—No, ahora se lo llevo, quería tomarme un trago de ron contigo antes de bajar a ese agujero inmundo —contestó el otro pirata, más bajo y regordete, vestido de manera similar (a este paso, Max acabaría comprándose unos pantalones bombachos).

«Perfecto —pensó Max—, no necesito más que seguir a ese pirata bajo y regordete para encontrar a mi abuelo», y se mantuvo agazapado detrás de la puerta de la bodega, donde no podían verlo.

Los dos hombres siguieron bebiendo y charlando unos minutos.

Después, el pirata bajo y regordete se dirigió hacia el otro lado de la cubierta.

Max lo siguió ocultándose entre las sombras hasta que llegaron a una puerta similar a la que él había utilizado para subir a cubierta.

El pirata entró por ella y Max esperó escondido trás uno de los cañones de la cubierta.

El pirata bajo y regordete salió al cabo de un rato y se dirigió a donde se encontraba su compañero.

Max aprovechó un momento en el que no miraban en su dirección para colarse por la puerta.

Unas escaleras se adentraban en las entrañas del barco, apenas podía ver nada, así que las bajó muy despacio guiándose por el pasamanos.

No quería hacer ningún ruido que pusiese en alerta a los guardias.

Al final de la escalera se encontraba la bodega, y en uno de los laterales de esta, una pequeña y oscura celda en la que apenas destacaba un bulto en el suelo.

Max se acercó.

—Abuelo, abuelo, ¿eres tú? —llamó en voz baja.

El bulto se movió un poco. Parecía un hombre dormido.

Al otro lado de las rejas había un cuenco de madera con lo que parecían unos pedazos de pan mohoso y una gruesa jarra de barro con un líquido turbio.

Por lo visto, eso era lo que los piratas consideraban una cena.

—¡Abuelo! Soy Max. Rex y yo estamos aquí y vamos a rescatarte.

—¿Max? —El bulto se había despertado y ahora hablaba con la voz del abuelo—. ¿Max, eres tú? ¿Se puede saber qué haces tú aquí? Te dije que no tocases el armario de las luces... Tu abuela me va a matar. No tendrías que haber venido.

—Bueno, abuelo, ya es tarde para eso, estamos aquí y no nos vamos a ir sin ti. La abuela todavía no sabe que estamos en Ur... Aunque Falgar nos dijo que iba a intentar avisarla de nuestra llegada.

—Estamos perdidos. Esto no me lo va a perdonar ni aunque viva mil años. Ya tenía un plan para escapar...

—Da igual, ya la convenceremos. Ahora espera aquí y no digas nada. Rex y yo también tenemos un plan.

Max salió a la cubierta y se dirigió a la celda que compartía con Rex, de nuevo ocultándose como una lagartija entre los cañones y barriles que había en la cubierta del barco.

Los piratas habían desaparecido y no se veía más movimiento, pero no podía confiarse, no conocía el terreno y en cualquier momento podrían sorprenderlo.

Cuando llegó junto a Rex le contó dónde estaba el abuelo.

—Muy bien, Max, ahora quítame el Traductor Universal. ¡¡Y guárdalo bien!! No quiero tener que comunicarme contigo por señas.

—¿Seguro que no me vas a comer?

—Seguro. Pero camina unos cuantos pasos detrás de mí. Venga, ayúdame.

Max le quitó el extraño casco y se lo ató a la cintura con una cuerda que encontró en la bodega.

También agarró un fuerte tablón con el que defenderse... En caso de necesitarlo.

Esperaban poder huir en silencio, pero bien sabía que iba a ser casi imposible.

22

Una huida accidentada

Max y Rex se arrastraron sin hacer ruido hasta la celda del abuelo.

—Max, Rex. ¡¡Qué pronto habéis vuelto!! Rápido, abrid la puerta —dijo Godofredo en voz muy baja.

Max intentó explicarle por señas a Rex lo que el abuelo había dicho, ya que el dinosaurio no llevaba su casco puesto.

Rex asintió, para demostrar que lo había entendido, y abrió la celda.

—Tenemos que darnos prisa —dijo el abuelo señalando el bralecotrón de Rex, en el que parpadeaba una luz roja—. Te estás quedando sin batería. ¡Vamos, chicos!

Ya se veían casi libres, estaban llegando a la puerta de salida de la bodega, pero los piratas todavía podían estropear sus planes. Tenían que seguir siendo muy silenciosos.

Una vez subiesen a la cubierta, desatarían uno de los botes y huirían de allí remando.

No estaban lejos del Atolón Sardinón y los habitantes del mar podrían ayudarlos a sortear los tiburones y morenas fieles a Maliand.

En cuanto llegasen al atolón, se reunirían con la abuela, ella tendría algún medio para llegar hasta Bahía Mejillón.

Pero no iba a ser tan fácil, no.

Al llegar a cubierta, todos los piratas los estaban esperando situados en el otro extremo del barco.

—Vaya vaya, los merluzos quieren huir... Y llevarse con ellos al pez gordo —dijo riendo el capitán Maliand—. ¿De verdad creíais que habíais sido astutos y silenciosos? ¡Llevamos oyéndoos arrastraros un buen rato!

Maliand, girándose a sus hombres, exclamó:

¡¡AL ATAQUE!! QUE NO ESCAPEN.

Los hombres del capitán Maliand atacaron todos a la vez.

Max estaba aterrorizado, pero pudo ver cómo el abuelo y Rex se miraban y asentían, primero el abuelo y después el tiranosaurio, quien, dando un paso al frente y protegiendo a ambos con su cuerpo, rugió enseñando todos sus dientes afilados:

—¡GGGGGGGGRRRRROOOOOOOOOOO AAAAAARRR!

Los piratas pararon en seco su carrera y empezaron a mirarse de reojo unos a otros.

Una cosa era vérselas con una educada y casi melindrosa mascota, un niño y un viejo.

Otra cosa muy diferente era vérselas con esa fiera llena de dientes.

—¡¡ATACAD!! ¡¡ATACAD!! ¿¿Qué hacéis ahí parados?? No es más que un lagarto grande... —chillaba el capitán Maliand.

—Bueno, mi capitán, eso no es exacto, en realidad sería un pájaro grande, los dinosaurios... —comenzó uno de los piratas.

—¿¿QUIERES CAMINAR POR LA TABLA??

—No, mi capitán... —negó el pirata mirando al suelo.

—¡¡PUES ATACAD!!

Rex seguía en la cubierta rugiendo.

Ahora que había desatado toda su fiereza, parecía incluso más grande que esos dos metros que medía.

Max nunca se había fijado en lo enorme que era su amigo dinosaurio.

Los piratas comenzaron a acercarse lentamente sujetando sus espadas con fuerza.

Uno fue lo bastante incauto como para acercarse más de lo debido y fue el primero en ser agarrado por uno de los brazos mecánicos de Rex y lanzado por la borda.

¡¡¡¡¡CHOOOOOOOFFFFF!!!!!, sonó cuando el pirata chocó contra el agua...

Y como ese, todo pirata que osaba acercarse a Rex terminaba entre las olas del mar.

Mientras tanto, el abuelo y Max habían desatado uno de los botes, lo habían bajado y ya esperaban en el agua.

—¡¡SALTA, REX, SALTA AHORA!! —gritó Max.

—¡¡REX, SALTA YA!! —animó también Godofredo.

El abuelo colocaba los remos para salir pitando en cuanto Rex llegase a la barca. Sin embargo, con todo el ruido de la pelea, Rex no podía oírlos.

De repente, una bola de fuego atravesó el cielo sobre las cabezas del abuelo y Max y fue a estrellarse contra el barco.

—¡¡APAGAD ESE FUEGO!! ¡¡APAGADLO, MARINEROS!! —tronó la voz del capitán Maliand.

Todos los piratas corrieron a por agua y la echaron sobre el fuego, pero eso no hizo que el fuego se apagase. Rex aprovechó la confusión para hinchar su casi agotado bralecotrón y saltar por la borda.

Más bolas de fuego surcaban el cielo como cometas y se estrellaban contra distintas zonas del navío pirata. Cuanta más agua echaban los piratas sobre el fuego, más se extendían las llamas.

—Ya te tengo, Rex, ya te tengo... Abuelo, ayúdame a subirlo —dijo Max sujetando a su amigo por el chaleco.

Una vez Rex estuvo a salvo en el bote, el abuelo comenzó a remar.

—¿Qué ha pasado? ¿De dónde han salido esas bolas de fuego? —preguntó Max mientras Rex se colocaba su Traductor Universal.

—Mmmmmfffff, creo que tu abuela ha tenido

algo que ver con eso... —contestó el abuelo con una sonrisa ladeada.

Antes de que Max tuviese tiempo de decir nada más, avistaron un pequeño barco parecido al que Falgar les había prestado a Pía, Max y Rex, tal vez un poco más largo.

La abuela, Falgar y un par de mujeres a las que Max no conocía los saludaban desde la embarcación.

Ahora que lo peor había pasado, Max no podía dejar de pensar en Pía. No sabía cómo decirles a los abuelos lo que había sucedido.

En ese momento, de detrás de la abuela surgió una pequeña figura.

23

Un reencuentro

Max entornó los ojos, apenas eran dos ranuras mientras intentaba enfocar a esa pequeña figura, pero la luna y las llamas que salían del galeón pirata no arrojaban la suficiente luz para que el chico pudiese verla con claridad... No quería ilusionarse, pero algo le decía que tenía motivos.

—Vamos, Max, arriba —dijo la abuela tendiéndole el brazo para ayudarlo a subir a la barca—. Debemos salir de aquí cuanto antes, en breve esto estará lleno de piratas.

—¡Max! ¡Rex! Tenía miedo de no llegar a tiempo. ¿Estáis bien? —preguntó la pequeña figura mientras corría a abrazarlos.

—¡Pía! ¡Pía! Pensábamos que habías muerto en el agua... Intenté sacarte, pero no te encontraba —exclamó Max.

—Habla por ti, te dije que esta niña sabe cuidarse

muy bien sola —sonrió Rex abrazando a Pía y levantándola por los aires—. Me alegro de verte, querida mía.

Cuando los tres estuvieron a bordo, Falgar puso rumbo a Bahía Mejillón.

—Nos ha venido muy bien vuestro ataque, estábamos intentando huir, pero la cosa se estaba poniendo un poco difícil —afirmó el abuelo.

—Dadle las gracias a Pía. De no ser por ella, habría atacado dentro de tres o cuatro días. Tenía que planificarlo todo muy bien —contestó la abuela—. Te tenían muy vigilado y necesitaba liberarte a ti antes de hundir la nave del capitán Maliand.

—Pía, creo que nos debes una explicación... cuando caíste al agua pensamos que habías muerto. ¿Cómo has podido nadar tanto? —preguntó Max mirando con admiración a Pía.

—Bueno, ya te dije que mi padre tiene mucha influencia entre los habitantes del mar —comenzó Pía—. Cuando chocamos contra el *Tormenta Negra* intenté bucear lo más lejos posible, no quería que me viesen. Tan pronto me alejé lo suficiente, un tiburón tigre se me acercó y me dijo que lo enviaba Falgar, así que me agarré a su aleta y así pude salir de allí a toda velocidad.

La niña se sentó en el suelo de la barca y continuó narrando su parte de la aventura.

—Me llevó hasta Agatha esquivando a los tiburones y morenas del capitán Maliand. Tu abuela estaba escondida en una cueva que hay en el Atolón Sardinón a la que solo se puede llegar por el agua.

—¿Dices que un tiburón te llevó? ¡Un tiburón! ¿Y no te mordió? —interrumpió Max sorprendido mientras el resto de la tripulación de la barca sonreía con disimulo.

—¿Por qué me iba a morder un tiburón, Max? ¿Acaso tengo pinta de pez?

—Bueno... Es lo que hacen los tiburones... Se comen a la gente y eso.

—No, Max, los tiburones no suelen comerse a la gente más que por error —explicó la niña—. Los pobres no ven muy bien, así que para saber si algo se come, lo muerden, pero nunca lo hacen con mala intención; en realidad son muy simpáticos. De hecho, este tiburón me ayudó a mandar un mensaje a los habitantes del mar, que vinieron a ayudarnos a Agatha y a mí.

—Cierto —confirmó la abuela—, estas dos mujeres son Liina y Kriista, habitantes del mar, me han ayudado a terminar de hacer todo el fuego griego que necesitaba para rescataros y de paso hundir el barco del capitán Maliand, eso nos dará tiempo.

—¿Fuego griego? —Max pasaba de una sorpresa a otra sin casi tiempo para asimilar toda la información que estaba recibiendo.

—Sí, Max. ¿Has visto como ese fuego seguía ardiendo incluso cuando le echaban agua? —preguntó Agatha—. Pues se trata de una antigua arma utilizada por el Imperio bizantino. La receta es un secreto que guardamos unos pocos alquimistas, así que no te la puedo decir.

—¿El Imperio bizantino es de Ur, abuela? ¿Qué son los alquimistas? —Las preguntas de Max no tenían fin.

—No, Max, ese imperio es de la Tierra, tienes que empezar a prestar atención en las clases de historia —le contestó su abuela—. Y los alquimistas... Bueno, ya hablaremos de ellos en otro momento, dejémoslo ahora en que son químicos, como yo.

Siguieron navegando con destino a Bahía Mejillón, charlando de cosas intrascendentes y sin mayor contratiempo que un pulpo que se acercó a hablar con las habitantes del mar. Cuando llegaron a la playa de Bahía Mejillón, el abuelo, Max y Rex roncaban como dragones. El cansancio acumulado durante la noche los había vencido. A la abuela le costó un poco despertarlos, pero después de algunos zarandeos, lo consiguió. Tenían que bajarse de la embarcación.

Kriista y Liina se despidieron de todos y se adentraron en las aguas con la barca. Sus figuras fueron haciéndose pequeñas en el horizonte mientras cuatro sombras permanecían en la arena hasta que se perdieron de vista.

Falgar los invitó a secar sus ropas y reponer fuerzas en su cabaña situada a caballo entre la arena y el mar. Los cinco aventureros se dirigieron al hogar del cangrejo.

—Godofredo, ¿qué ha pasado con el arma? —Quiso saber Rex mientras se acomodaba en una de las sillas de la cabaña.

—No lo sé, Rex... No lo sé. Sigue en poder del Enemigo, no pude quitársela.

—Tú no. Nosotras sí —dijo la abuela con una mirada pícara en sus ojos.

—¿Cómo que vosotras sí? —preguntó el abuelo girándose hacia su esposa.

—Mientras nosotras os rescatábamos, otros habitantes del mar robaban el arma —explicó la abuela—. Ahora está a buen recaudo en el Palacio Marino, donde el Enemigo no puede alcanzarla.

—El pulpo con el que Liina y Kriista estuvieron hablando cuando veníamos hacia Bahía Mejillón se lo dijo —añadió Pía con una enorme sonrisa—. También les contó que atraparon al traidor que te delató y que están sacándole toda la información que pueden sobre el Enemigo.

—¡Eso sí son buenas noticias! —exclamó Rex, abrazándolos a todos.

—Brindemos con este licor de algas de mi propia cosecha —dijo Falgar pasándoles unas conchas con un licor verdoso que no olía nada bien... Y que todos tiraron al agua con disimulo.

Después de secarse y descansar un poco, Falgar los escoltó en su trayecto de vuelta por la playa. Por esta vez habían escapado, pero todo podía torcerse si ahora los veía alguno de los guardianes que tenía el capitán Maliand por todo el pueblo.

Caminaron en silencio y sin hacer ningún ruido hasta que llegaron a la casa de los abuelos en Ur y, una vez allí, subieron al taller.

—Falgar, amigo mío, esto está en marcha, ya no

podemos detenernos —afirmó al abuelo abrazando al cangrejo en un lío de brazos, patas y pinzas.

—Sigo vigilando, si me entero de algo, te lo haré saber.

—Gracias por cuidarme a estos tres trastos, Falgar. —La abuela abrazó también al cangrejo y le dio un beso en la mejilla.

—No te preocupes, Agatha, solo siento no haber podido acompañarlos, tenía que esperar a mi espía... —dijo Falgar—, y vosotros tres —añadió girándose a los niños y haciendo chasquear sus pinzas—, que no me entere de que os metéis en más problemas u os las tendréis que ver conmigo. Y OBEDECED A VUESTROS ABUELOS.

Max, Pía y Rex también abrazaron a Falgar entre risas y no pudieron evitar notar que el viejo cangrejo se ponía algo colorado.

Los cinco se metieron en el armario de madera con banderas y...

¡TRRRRRKKKKKSSSSSSSSS FFFFFIIIIUUUUUUU FFFFFIIIUUUUUUU GRLKSGRLKSGRLKS!

¡¡POFF!!

En Ur, Falgar giró sobre sí mismo y se dirigió a su cabaña situada a caballo entre la arena y el mar.

Cuando llegó, se hizo una deliciosa cena de algas y empezó a preparar su viaje al Palacio del Mar, había que organizarlo todo para que el Enemigo no pudiese robar el arma.

En la Tierra, dos ancianos, una niña, un niño y un

tiranosaurio salieron de un extraño armario circular de metal con luces y se dirigieron a la cocina a devorar lo que encontrasen.

Estaban muertos de hambre. Hacer un viaje interdimensional, conocer a un cangrejo gigante, chocar contra un navío, luchar contra terribles piratas y prenderle fuego a las cosas, eran actividades que, por lo visto, abrían el apetito.

Mientras cenaban, Max no pudo evitar pensar que, tal vez, solo tal vez, estas vacaciones con los abuelos no iban a ser tan aburridas.